竞赛压力情境下
篮球运动员风险决策框架效应研究

常淑芝◎著

人民体育出版社

图书在版编目（CIP）数据

竞赛压力情境下篮球运动员风险决策框架效应研究 / 常淑芝著. -- 北京：人民体育出版社, 2023（2023.11重印）
ISBN 978-7-5009-6297-7

Ⅰ.①竞… Ⅱ.①常… Ⅲ.①篮球运动—运动竞赛—体育心理学—研究 Ⅳ.①G841.14

中国国家版本馆CIP数据核字(2023)第087354号

*
人民体育出版社出版发行
北京中献拓方科技发展有限公司印刷
新华书店经销
*
710×1000　16开本　10.5印张　193千字
2023年7月第1版　2023年11月第2次印刷
*
ISBN 978-7-5009-6297-7
定价：58.00元

社址：北京市东城区体育馆路8号（天坛公园东门）
电话：67151482（发行部）　邮编：100061
传真：67151483　邮购：67118491
网址：www.psphpress.com
（购买本社图书，如遇有缺损页可与邮购部联系）

序　言

本书是一本围绕运动员运动风险决策话题展开讨论的著作。众所周知，在竞技比赛中存在大量的风险决策情境，如足球守门员对点球扑救方向的选择、乒乓球运动员对发球线路和落点的选择、比分落后或相持阶段排球运动员对发球方式的决策等。面对比赛场上的各种风险决策情境时，运动员的决策水平直接影响运动员技术水平的发挥和运动成绩的好坏。因此，对运动风险决策的研究一直是体育运动领域中的一个重要话题。

20 世纪 70—80 年代，随着认知心理学和认知神经科学的发展，两个领域的相关知识和技术越来越多地应用于体育领域，运动认知研究也越来越受到运动心理学研究者的青睐。目前，运动认知领域研究内容涵盖视觉搜索、知觉预判、运动表象、运动记忆、运动注意、运动风险决策等方面。其中，运动风险决策作为运动员认知加工过程的高级阶段，关系到运动员在复杂的运动情境中搜索什么样的信息？是如何进行搜索的？在短暂的时间内，大脑是如何进行信息加工和决策的？这些问题成为运动心理学研究者密切关注的方面。随着研究的日渐深入，框架效应对竞赛情境中的风险决策的重要意义越来越凸显。在不同的竞技比赛中，特别是在实力接近的对抗性运动项目中，运动员在胜负对决的关键时刻几乎都要面临风险决策，如在篮球比赛最后时刻或接近最后时刻、在比分落后的情况下，运动员敢不敢投出绝杀球，投出绝杀球后可能占据主动，也可能增加失分的风险，此时运动员面临着是否“绝杀”的风险决策，对此不同运动员可能有风险偏好。采取何种决策会受到来自运动员自身和教练员双方面的影响。运动员的认知反应、情绪状态及自尊水平等都可能影响运动风险决策。在教练员的场外言语指导中，收益与损失框架也可能对运动员的临场决策起决定性作用。因此，从认知心理学角度来研究运动风险决策框架效应，无论是对运动员、教练员来说，还是对体育研究者和管理者来说，都有重要的理论和现实意义。

本书关注风险决策框架效应在实际训练和竞赛中的重要作用，选取篮球运动员作为研究对象，模拟篮球竞赛压力情境（包括时间压力和认知负荷），探讨时间压力、认知负荷及压力诱发的情绪对篮球运动员的风险决策框架效应的影响。本书内容共包括四部分：第一部分是调查研究，以竞赛情境下篮球运动风险决策为背景，设定比赛中的不同决策任务情境（包括队员场上角色、对手的发挥水平以及教练的指导策略），采用问卷调查的方法验证了篮球运动员在竞赛情境下进行风险决策的框架效应，同时探讨了框架类型、不同决策任务情境与风险决策的关系。第二～第四部分是实验研究。第二部分通过设置时间压力和认知负荷模拟篮球竞赛压力情境，要求篮球运动员在时间压力和认知负荷双重压力下做出风险决策选择，探讨了时间压力和认知负荷与篮球运动员风险决策框架效应之间的作用关系。第三部分通过诱发篮球运动员的愉悦和恐惧情绪，探究了两种情绪对篮球运动员风险决策框架效应的影响。第四部分通过设置认知负荷，同时诱发篮球运动员的愉悦和恐惧情绪，探讨认知负荷与情绪对篮球运动员风险决策框架效应的影响，同时发现认知负荷在情绪与风险决策框架效应之间起调节作用。

本书从更接近真实篮球运动风险决策情境的角度出发，充分考虑篮球竞技比赛决策过程中时间压力大、场上信息复杂、结果具有不确定性的特点，同时关注压力情境下诱发的情绪状态对篮球运动员的影响，多维度还原了篮球竞赛场上影响篮球运动员风险决策框架效应的实际情境，揭示了时间压力、认知负荷、情绪与风险决策框架效应的复杂作用关系。本书有助于篮球运动员准确把握风险决策时如何受框架效应、时间压力和情绪的影响，了解风险决策框架效应如何受认知的调节，进而有针对性地做出应对和调整，避免框架效应和某些不良情绪在决策中产生消极影响，使篮球运动员做出科学的决策。对于篮球教练员来说，可以通过框架效应对篮球运动员的风险决策做出有效的预测，有效处理比赛场上的胶着局面，同时在战术安排中避免框架效应的不良影响。

体育运动领域中的风险决策框架效应是个复杂的问题，在不同运动项目和不同的运动情境中表现出的规律是不同的，在决策过程中决策问题的概率水平、运动员的比赛经历、人格特质等因素都会影响风险决策框架效应。因此，本书的研究内容进一步丰富和深化了运动风险决策框架效应研究，但该领域有更深层次、更广阔的研究空间，需要研究者们进一步挖掘和探索，期待有更多、更好的研究成果不断呈现。

衷心希望本书的出版能够为体育运动领域实践中的运动决策问题提供有价值的参考，为促进我国运动心理学的发展做出贡献。请读者提出宝贵意见和建议，以便作者不断改进和完善本书。

孙延林

2023 年 6 月 28 日

摘　要

ABSTRACT

本书以篮球运动员为被试，探讨在竞赛情境下，时间压力、认知负荷及情绪对篮球运动员风险决策框架效应的影响。作者参考“经典框架效应问题”的模式，编制竞赛情境下篮球运动员决策问题和决策方案，通过 E-prime 软件将实验材料编制成实验程序。为了实现研究目的，本书主要围绕 4 项研究展开，具体如下。

（1）在天津、北京、上海、武汉、西安 5 地的高校篮球队、地方篮球队和国家篮球队中选取了 360 名运动等级均为国家二级及以上的男、女篮球运动员作为调查对象；以竞赛情境下的篮球运动员风险决策为背景，设定比赛中的不同情境，主要包括队员场上角色、对手的发挥水平及教练员的指导策略 3 种不同的决策任务情境，采用问卷调查的方法验证篮球运动员是否存在风险决策框架效应，并进一步探讨了框架类型对不同类型篮球运动员风险决策的影响。

（2）选取 26 名运动等级均为国家二级及以上的男、女篮球运动员作为被试；采用 2（认知负荷：高认知负荷/低认知负荷）×2（框架类型：正面框架/负面框架）×2（时间压力：有时间压力/无时间压力）被试内实验设计；通过设置时间压力和认知负荷模拟篮球比赛的压力情境，要求篮球运动员在时间压力和认知负荷双重条件下选择风险决策方案，考察时间压力和认知负荷与篮球运动员风险决策框架效应之间的作用关系。

（3）选取 90 名运动等级均为国家二级及以上的男、女篮球运动员作为被试；采用 3（情绪类型：愉悦情绪/恐惧情绪/对照组）×2（框架类型：正面框架/负面框架）混合实验设计；考察愉悦和恐惧两种具体情绪对篮球运动员风险决策框架效应的影响，探究在竞赛情境中，篮球运动员在不同情绪状态下，情绪和框架效应对风险决策的影响。

（4）选取 120 名运动等级均为国家二级及以上的男、女篮球运动员作为被试；采用 2（情绪类型：愉悦情绪/恐惧情绪）×2（认知负荷：高认知负荷/低认知负荷）×2（框架类型：正面框架/负面框架）三因素混合实验设计；探讨篮球运动员认知负荷与情绪对风险决策框架效应的影响，考察认知负荷是否在情绪与风险决策框架效应之间起调节作用。

通过对 4 项研究内容结论的整合，作者得出如下结论。

（1）篮球运动员在竞赛情境下进行风险决策时受框架效应的影响。具体表现为正框架下篮球运动员倾向于保守行为，负框架下篮球运动员倾向于冒险行为，与经典框架效应表现模式相同。

（2）不同性别、不同运动等级及运动年限较短的篮球运动员在竞赛情境下进行风险决策时呈现经典的双向风险决策框架效应；运动年限较长的篮球运动员在竞赛情境下进行风险决策时呈现单向风险决策框架效应。

（3）在竞赛情境下，篮球运动员无论面对时间压力还是面对认知负荷压力，都会受到框架效应的影响。时间压力对篮球运动员风险决策框架效应未产生影响。认知负荷对篮球运动员风险决策偏好产生影响，高认知负荷情境下的篮球运动员比低认知负荷情境下的篮球运动员更倾向于规避风险、选择保守行为。

（4）情绪和框架交互作用显著，共同影响了篮球运动员的风险决策。情绪调节了篮球运动员的风险决策框架效应，其中愉悦情绪扩大了框架效应，恐惧情绪削弱了框架效应。

（5）在竞赛情境下，框架效应是影响篮球运动员风险决策的重要因素，情绪和认知负荷是影响篮球运动员风险决策框架效应的重要因素。同时，在竞赛压力情境下，情绪对篮球运动员风险决策框架效应的影响受认知负荷调节。在愉悦情绪条件下，低认知负荷削弱了框架效应；在高认知负荷条件下，恐惧情绪对篮球运动员风险决策框架效应具有削弱的作用，但未达到显著水平。

目　录

CONTENTS

1
引　言

人类决策所涉及的问题一直以来都是研究者们感兴趣的课题。在日常生活中，我们会做出各种决策，大到国家政策的制定，小到日常生活的决策。在这些决策问题中，有些决策问题是例行公事，不涉及风险，只关注一个问题，并且我们一般知道预期的结果是什么。例如，选择不带雨伞或从最喜欢的餐厅点外卖属于这类决策，因为它们风险很小，结果是可以预测的。然而，有些决策包含风险和不确定的结果。例如，股票市场投资或放弃疫苗接种，这些决策会影响收入和个体的健康[①]。Kunreuther 等将这种决策称为“高风险”，他们认为高风险决策的特点是“存在巨大的财务和/或情感损失结果，并且做出决策后，撤销决策的成本很高”[②]。关于风险决策的研究已经成为决策研究领域很重要的组成部分。在风险决策研究的初期，研究者们认为人在进行决策时是纯粹理性的，因此将人视为“理性人”并进行研究，由此诞生了“期望值理论”与“期望效用理论”。随着研究的逐步深入，研究者们发现将决策者视为“理性人”无法解释很多在风险决策过程中出现的决策偏差，由此“有限理性”的假设被提出，关于风险决策的探讨也越来越多元化。Tversky 和 Kahneman 在“亚洲疾病问题”的研究中发现的框架效应[③]，使心理学研究成果与经济学结合起来，并揭开了风险决策研究的崭新一页。

Tversky 和 Kahneman 在一项关于“亚洲疾病问题”的经典研究中，要求人们假想自己身处一种罕见的疾病场景中，并为他们提供对抗疾病的方案，允许人们在风险选项和肯定结果选项之间做出选择。问题以两种方式呈现，一种是用积极

---

① MAULE A J, SVENSON O. Theoretical and empirical approaches to behavioral decision making and their relation to time constraints[J]. Springer US, 1993,120(3): 268-286.

② KUNREUTHER H, MEYER R, ZECKHAUSER R, et al. Choice modeling || high stakes decision making: normative, descriptive and prescriptive considerations[J]. Marketing letters, 2002,13(3): 259-268.

③ TVERSKY A, KAHNEMAN D. The framing of decisions and the psychology of choice[J]. Science, 1981,211(4481): 453-458.

的措辞来描述结果，另一种是用消极的措辞来描述结果。具体研究内容如下。

假设美国正在为一种罕见的亚洲疾病的暴发做准备，这种疾病预计会导致600人死亡。现在有两种对抗这种疾病的情境。

正框架

如果采用方案A，则将拯救200人。

如果采用方案B，则600人全部获救的概率是1/3，没有人获救的概率是2/3。

这两个方案你选择哪一个？

负框架

如果采用方案C，则将有400人死亡。

如果采用方案D，则没有人死亡的概率是1/3，600人全部死亡的概率是2/3。

这两个方案你选择哪一个？

实验结果发现，正框架组的参与者更偏好选择方案A，负框架组的参与者更偏好选择方案D。也就是说，人们在正框架下更偏好选择肯定的、保守的方案，在负框架下更偏好选择有风险的方案。Tversky和Kahneman将人们在进行决策时因受到方案言语描述方式的影响而产生的偏好逆转现象称为框架效应（Framing Effect）。

由方案内容可以看出，方案A和方案C的结果是一样的，方案B和方案D的结果也是一样的，只是在提供给人们时改变了描述方式。通过选择结果可以看出，人们在选择过程中出现的偏好显现出一个常见的模式：涉及收益的选择通常是规避风险的，涉及损失的选择通常是冒险的。我们很容易看出，这两种情境实际上是相同的，它们之间唯一的区别是，在正框架中，结果是用挽救的生命数来描述的；在负框架中，结果是用失去的生命数来描述的。这一变化伴随着被试从风险规避向风险寻求的明显转变，被试在正框架和负框架下的不同选择源于框架效应及被试面对收益和损失时的风险矛盾态度的双重作用。也就是说，被试将救活看作收益，将死亡看作损失，面临收益时被试更倾向选择风险规避；面临损失时被试更倾向选择风险寻求。因此，被试在面对正框架时表现为风险规避，而面对负框架时则倾向于风险寻求。在这个实验中可以看出，人们对收益和损失的认知完全是以认知参照点为依据的，当认知参照点不一致时，人们决策的方式也不一样。

由此可见，风险决策是在损失或赢利、损失或赢利的权重及损失与赢利联系的不确定性这 3 个要素中进行最优化的选择[①]，其框架效应是指对风险决策问题的不同表征形式会导致决策者产生不同的风险偏好。对于相同意义的问题情境，在用积极形式表征的正框架下，个体更倾向风险规避，在用消极形式表征的负框架下，个体更倾向风险寻求[②]。这种不同的参照点导致了人们决策行为的差异，即关于同一个问题的两种逻辑意义上的相似描述最终导致不同的决策判断。目前大量研究发现，风险决策框架效应对解释运动员在运动情境下的行为有重要意义[③④⑤]。例如，在实际比赛中，教练员在赛前可以表示有 90%的可能赢得比赛，也可以表示有 10%的可能输掉比赛，这时教练员如何对运动员进行引导，以及运动员作为决策者如何理解教练员的引导并做出决策，对比赛的结果起着至关重要的作用。在复杂和开放的运动中，运动决策的特点是决策时间较短、决策压力大和决策结果的不确定性[⑥]。在此种情境下，运动员作为决策者很容易因受到框架效应的“迷惑”而做出非理性的决策，进而降低运动员应对场上胶着局面的能力，甚至会使事态恶化，造成整场比赛的失败。因此，高度重视运动员作为决策者在竞赛情境下的风险决策框架效应问题具有重要的现实意义。

目前，国内外大量研究显示，在运动情境下运动员会产生风险决策框架效应[⑦⑧⑨]。还有研究者已经开始关注运动员风险决策框架效应的影响因素，探讨了

① 王璐璐，李永娟．心理疲劳与任务框架对风险决策的影响[J]．心理科学进展，2012，20（10）：1546-1550.

② MCCLOY R, BEAMAN C P, FROSCH C A, et al. Fast and frugal framing effects?[J]. Journal of experimental psychology, 2010, 36(4): 1043-1052.

③ 梁建平，申存生，范安辉．框架效应下人格特征对高校高水平运动员决策行为的影响作用研究[J]．武汉体育学院学报，2008（4）：54-57.

④ 李胜明，李昊，赵晓玲．框架效应下优秀运动员风险决策偏好研究[J]．成都体育学院学报，2009，35（3）：32-35.

⑤ 王洪彪，张绍礼，王晓玲．运动风险决策情境中的框架效应研究[J]．沈阳体育学院学报，2011，30（4）：69-73.

⑥ 任未多，邢玉香．运动直觉及其特征[J]．体育科学，1989（4）：68-72.

⑦ KINRADE N P, JACKSON R C, ASHFORD K J. Reinvestment, task complexity and decision making under pressure in basketball[J]. Psychology of sport and exercise, 2015,46: 11-19.

⑧ 黄志剑，刘正洁．体育情境中的风险决策行为：前景理论的初步系统验证[J]．中国运动医学杂志，2012，31（8）：697-705.

⑨ 刘永革，杨琰．框架效应对女排运动员运动决策风险偏好的影响[J]．成都体育学院学报，2012，38（8）：45-48.

决策任务情境[①]、心理弹性[②]、情绪[③④]、人格[⑤]等因素对运动员风险决策框架效应的影响。

虽然国内外研究者对运动情境下风险决策框架效应问题的研究在不断深入，但着眼于模拟真实压力情境下风险决策框架效应的研究较少。

众所周知，在竞技比赛时，运动员要在紧张胶着的情境下做出果断而正确的决策。尤其像篮球这种对抗和拼抢非常激烈的运动项目，运动员经常在比赛中面临胶着场面，同时还要面对赛场上各种复杂的信息，应对各种认知负荷，在时间压力和认知负荷双重压力情境下仍要努力做出正确的决策。这时，即使是心理强大的篮球运动员，也会受到紧张、焦虑甚至恐惧等情绪的影响。因此，在这种复杂的情境下，篮球运动员能否有效处理时间压力和认知负荷、调整好情绪、跳出风险决策框架效应、做出理性决策至关重要。

作者总结已有研究发现，时间压力[⑥]、认知负荷[⑦⑧⑨]和情绪[⑩⑪⑫]均会对风险决策框架效应产生影响。关于时间压力与风险决策框架效应的关系，目前主要有 3

---

① 董官清，丁学龙．框架效应与问题性质对大学生运动员决策行为的影响研究[J]．沈阳体育学院学报，2010，29（1）：69-72．

② 杨勇涛，张忠秋，李旭鸿，等．排球运动员心理韧性和风险决策行为的关系[J]．中国运动医学杂志，2015，34（7）：681-687．

③ 李权华，迟立忠．趋近性积极情绪对羽毛球运动员击球决策的影响——抑制功能的调节作用[J]．天津体育学院学报，2017，32（2）：139-145．

④ 祝大鹏，赵鹏，单曙光．不同风险决策框架和收益信息下的青少年运动员竞赛中的亲社会与反社会行为：竞赛焦虑的调节作用[J]．中国运动医学杂志，2014，33（6）：560-567．

⑤ ZUR H B, BREZNITZ S J. The effect of time pressure on risky choice behavior[J]. Acta psychologica, 1981, 47(2): 89-104.

⑥ ZUR H B, BREZNITZ S J. The effect of time pressure on risky choice behavior[J]. Acta psychologica, 1981, 47(2): 89-104.

⑦ WHITNEY P, RINEHART C A, HINSON J M. Framing effects under cognitive load: The role of working memory in risky decisions[J]. Psychonomic bulletin & review, 2008, 15(6): 1179-1184.

⑧ URS M, GOODMON L B, MARTIN J. Too much on my mind: cognitive load, working memory capacity, and framing effects[J]. North American journal of psychology, 2019, 21:232-251.

⑨ 何桂华，金志成．选项框架和认知负载对风险决策的影响[J]．应用心理学，2010，16（4）：316-322．

⑩ MA Q, PEI G, KAI W. Influence of negative emotion on the framing effect: evidence from event-related potentials[J]. Neuroreport, 2015, 26(6): 325-332.

⑪ CHO I S, KIM D Y. Dual mediation of 'cognition' and 'emotion' in framing effect mechanism : Through the case of tobacco litigation news[J]. Communication theories, 2018, 14(4): 102-138.

⑫ 徐富明，史燕伟，王伟，等．情绪影响框架效应的眼动研究初探[J]．应用心理学，2015，21（2）：149-156．

种观点：一是时间压力会扩大风险决策框架效应①，二是时间压力会削弱风险决策框架效应，三是二者之间并未产生相互影响②③。

关于情绪与风险决策框架效应的关系，研究者已经深入研究到具体情绪对风险决策框架效应的影响。Lerner 和 Keltner 研究发现，个体在正框架—恐惧情绪条件下更倾向选择确定性决策方案，表现出更强的风险决策框架效应；在正框架—愤怒情绪条件下也倾向确定性决策方案，但风险决策框架效应被削弱④。Nabi 和 Robin 的研究表明，处于悲伤与恐惧两种情绪下的个体在做风险决策时都会使框架效应增强，但增强的程度存在差异④。Druckman 和 Mcdermott 研究被试在热情、愤怒和沮丧 3 种情绪下的风险决策，结果发现处于热情和愤怒情绪状态的个体更倾向风险寻求，并削弱了框架效应，而处于沮丧情绪状态下的个体更倾向风险规避，并增强了框架效应⑤。Chang 基于消费者购买问题的研究发现，在情绪对框架效应的影响中，愉悦情绪增强了框架效应⑥。Cassotti 等在研究中发现，积极情绪（愉悦）削弱了框架效应⑦。国内研究者毕玉芳的研究结果表明，框架与情绪对风险决策的影响存在交互作用，积极情绪（愉悦）增强了框架效应，消极情绪（悲伤）削弱了框架效应⑧。毛良斌在新闻领域对情绪与框架效应进行了研究，结果发现恐惧情绪增强了框架效应⑨。史燕伟等基于亚洲疾病问题，以大学生为被试进行

---

① STANOVICH K E, WEST R F. Individual differences in reasoning: Implications for the rationality debate?[J]. Behavioral and brain sciences, 2000, 23(5): 645-665.

② RIESKAMP J, HOFFRAGE U. Inferences under time pressure: How opportunity costs affect strategy selection[J]. Acta psychologica, 2008, 127(2): 258-276.

③ LERNER J S, KELTNER D. Beyond valence: Toward a model of emotion-specific influences on judgement and choice[J]. Cognition & emotion, 2000, 14(4): 473-493.

④ NABI, ROBIN L. Exploring the framing effects of emotion do discrete emotions differentially influence information accessibility, information seeking, and policy preference?[J]. Communication research, 2003, 30(2): 224-247.

⑤ DRUCKMAN J N, MCDERMOTT R. Emotion and the framing of risky choice[J]. Political behavior, 2008, 30(3): 297-321.

⑥ CHANG J C. Tourists' satisfaction judgments: An investigation of emotion, equity, and attribution[J]. Journal of hospitality & tourism research, 2008, 32(1): 108-134.

⑦ CASSOTTI M, HABIB M, POIREL N, et al. Positive emotional context eliminates the framing effect in decision-making[J]. Emotion, 2012, 12(5): 9-26.

⑧ 毕玉芳．情绪对自我和他人风险决策影响的实验研究[D]．上海：华东师范大学，2006．

⑨ 毛良斌．基于恐惧诱导情绪框架效应传播效果的实验研究[J]．新闻界，2014（3）：12-18．

研究，发现恐惧和悲伤的情绪增强了框架效应，愤怒情绪削弱了框架效应①。吴静杰等研究发现，情绪可以调节框架效应的大小，具体表现为恐惧情绪增强了框架效应，愤怒情绪反向调节了框架效应②。

对于认知负荷与风险决策框架效应的关系，大部分研究者认为认知负荷削弱了风险决策框架效应。McElroy 和 Seta 研究发现，当个体采用启发式系统加工信息时，更容易产生风险决策框架效应，而用分析式系统加工信息则会削弱风险决策框架效应③。也就是说，使用较多的认知资源加工信息，会使风险决策框架效应有弱化趋势。Ferreira 等的研究也证实，增加认知负载后，分析式系统更易因受到影响而削弱风险决策框架效应④。Whitney 等研究表明，认知负荷影响决策速度，同时随着认知负荷的出现，风险决策框架效应出现弱化趋势；风险决策框架效应不仅是启发式系统作用的结果，还是分析式系统发挥重要作用的结果⑤。严欣静和游旭群研究发现，无认知负荷时，框架效应显著；适度认知负荷提高了被试的理性思维，削弱了框架效应⑥。

由已有研究结果可知，有些情绪（如恐惧、愉悦）会增强风险决策框架效应，而认知负荷有削弱风险决策框架效应的作用。这是否说明认知负荷可以作为一个调节变量，来调节情绪与风险决策框架效应之间的关系，使风险决策框架效应弱化，使个体做出理性决策？Mellers 等发展了决策情绪理论，提出了主观预期愉悦理论（Subjective Expected Pleasure Theory），该理论把情绪看作决策的预测指标，认为在情绪、认知与决策三者之间，情绪通过认知这一中介发挥作用，即在认知的基础上产生某种情绪，继而影响决策⑦。Dillen 等研究发现，认知负荷在一定程

---

① 史燕伟，徐富明，李燕，等．具体负性情绪对框架效应的影响[J]．心理研究，2015，8（2）：18-25.

② 吴静杰，杨乃定，封超，等．突发事件下情绪对决策者风险偏好和框架效应的影响[J]．管理学报，2016，13（6）：906-912.

③ MCELROY T, SETA J J. Framing effects: An analytic-holistic perspective[J]. Journal of experimental social psychology, 2003, 39(6): 610-617.

④ FERREIRA M B, GARCIA-MARQUES L, SHERMAN S J, et al. Automatic and controlled components of judgment and decision making[J]. Journal of personality and social psychology, 2006, 91(5): 797-813.

⑤ WHITNEY P, RINEHART C A, HINSON J M. Framing effects under cognitive load: The role of working memory in risky decisions[J]. Psychonomic bulletin & review, 2008, 15(6): 1179-1184.

⑥ 严欣静，游旭群．工作记忆负荷对风险决策框架效应的影响[J]．心理学进展，2017，7（1）：96-103.

⑦ MELLERS B, SCHWARTZ A, RITOV I. Emotion-based choice[J]. Journal of experimental psychology general, 1999, 128(3): 332-345.

度上能够调节情绪，高认知负荷在认知过程中的抑制作用能调节个体的情绪①。根据信息加工理论的观点，在一定情况下，认知负荷往往不影响启发式系统，但对分析式系统的影响较大，而裴扬的研究结果表明“分析式系统在风险决策框架效应过程中起主要作用”②。也就是说，认知负荷会影响风险决策框架效应，即个体在信息加工过程中，分配了较多的认知资源用于分析式加工处理认知负荷，而分配了较少的资源用于关注风险决策框架效应，因此风险决策框架效应被削弱了。在恐惧或愉悦情绪下，如果增加个体的认知负荷，就可能使个体分配更多的认知资源去处理认知负荷，从而减少对情绪的分析加工，抑制个体的恐惧情绪或愉悦情绪对风险决策框架效应的增强作用，进而削弱框架效应。因此，认知负荷很有可能是情绪与风险决策框架效应的调节变量。

对于篮球运动员来说，他们经常在 24 秒内完成一次进攻，在 3 秒违例、5 秒违例和 8 秒违例等比赛规则下进行训练和比赛。对于时间压力，他们是否很敏感？时间压力是否会对他们的风险决策框架效应产生影响？这是值得我们验证的问题。除了时间压力，篮球运动员还会受到各种情绪的影响，如面对场上激烈拼抢而产生担心受伤的恐惧情绪、大比分领先时产生的愉悦情绪。在恐惧或愉悦的情绪下，篮球运动员是否存在风险决策框架效应，也是值得我们验证的问题。如果同以往研究结果一样，恐惧或愉悦情绪增强了风险决策框架效应，使篮球运动员做出不理性的决策，那么增加篮球运动员的认知负荷是否能够起到调节作用，帮助运动员降低风险决策框架效应的产生概率，进而使他们做出更理性的决策？这是值得我们深入探讨的问题。

因此，本书通过模拟竞赛情境（包括时间压力、认知负荷，以及竞赛情境下有可能产生的情绪），探讨时间压力、认知负荷和情绪等因素对篮球运动员风险决策框架效应的影响，揭示几个因素之间的作用机制，为篮球运动员的赛前、赛中和赛后的心理训练提供科学的依据。

---

① DILLEN L, HESLENFELD D J, KOOLE S L. Tuning down the emotional brain: An fMRI study of the effects of cognitive load on the processing of affective images[J]. Neuroimage, 2009, 45(4): 1212-1219.

② 裴扬．框架描述、自我卷入和工作记忆负荷对中学生不同问题情境下风险决策框架效应的影响[D]．芜湖：安徽师范大学，2018．

2

文献综述

2.1 风险决策

2.1.1 定义

风险决策研究属于决策研究中的一类。决策是人们在面对两个或多个选择时做出决定的过程，是思维过程和意志活动过程相互结合的产物①。决策是一种高级的认知加工过程，是个体对不同方案进行评价、比较和判断的过程，它与人的意志、主观愿望和价值判断有关，因此决策的结果因人而异②。

根据在决策过程中掌握的信息是否具有确定性，或决策任务与结果是否明确，可以将决策分为确定性决策和不确定性决策。决策者知道各种决策方案的具体内容，并且知道决策方案发生的概率及预期结果而做出的决策，称为确定性决策；决策者不知道决策方案发生的概率及预期结果而做出的决策，称为不确定决策③。不确定性决策又分为纯不确定性决策和风险决策两类。在不确定情况下发生某种事情的概率未知的决策，称为纯不确定性决策；在不确定的情况下发生某种事情的概率能够预测的决策，称为风险决策④。

关于风险决策的具体含义，不同研究者提出了不同的见解。Tversky 认为风险决策是指人们对具有多个结果且其发生概率已知的选项进行权衡后做出的决定⑤。贾爱芳等在风险决策的研究中提出，风险决策是指在亏损、获利及这两种因素的

---

① 车文博．心理咨询大百科全书[M]．杭州：浙江科学技术出版社，2001．

② 王慧．经济决策中“接受还是放弃？”式决策的认知神经机制研究[D]．重庆：西南大学，2012．

③ 庄锦英．决策心理学[M]．上海：上海教育出版社，2006．

④ 格尔德·吉仁泽．风险与好的决策[M]．王晋，译．北京：中信出版社，2015．

⑤ TVERSKY K A. Prospect theory: An analysis of decision under risk[J]. Econometrica, 1979, 47(2): 263-291.

联系和比重3种主要不确定性要素中做出最能使自己获利的抉择①。廖雅慧和韩梦霏在研究中提出的风险决策定义为，决策者在面临两个以上不确定的决策后果时做出的决策，强调从多种备择方案中做出最优的选择②。Russo等通过研究认为，风险决策是指明确决策者渴望达到的目的，为决策者提供两个及以上的选择方案，并且每个选择方案的风险承担后果都是能够预测的，即决策者在客观条件下对事件不能进行完全确定的判断③。庄锦英通过研究发现，风险决策是指在能够估计或预测未来事件发生概率的情况下，选择预期效果最好的方案的决策，并且是选择过程与决策后果具有不确定性的决策④。吴燕等认为风险决策是指在不确定条件下或模糊条件下对决策结果的成本收益权衡⑤；这里提到的风险是指人们对出现损失的可能性的分析和判断。面对风险，人们有两种反应：趋近（风险寻求）或规避（风险规避）。黄文强等在研究中将风险决策定义为，在不同选项的结果确定且在结果出现的概率已知情况下做出的决策⑥。

从不同研究者对风险决策定义的阐释中可以发现，风险决策是对未来多种选择方案的比较，权衡收益和损失的不同概率后做出"最优"方案选择的过程。因此，本书中风险决策的定义是指决策者权衡各选项的结果和产生每个结果的概率后做出的决策。

2.1.2 风险决策相关理论

风险决策作为决策研究的一个新兴领域，吸引了越来越多研究者的关注。在心理学、经济学、管理科学、政策分析等领域中，研究者在风险决策理论和影响因素方面取得了一定的研究成果，并衍生出了各种解释风险决策的相关理论和范式，如期望效用理论、前景理论等。

① 贾爱芳，田水承，郭昕玥，等．基于延迟折扣任务的矿工风险决策实验研究[J]．西安科技大学学报，2022，42（1）：64-69．

② 廖雅慧，韩梦霏．决策任务类型与结果框架对风险决策的影响[J]．心理与行为研究，2022，20（1）：7．

③ RUSSO J E，安宝生，徐联仓．决策行为分析[M]．北京：北京师范大学出版社，1998．

④ 庄锦英．情绪、边框影响决策认知过程的实验研究[J]．心理科学，2004（6）：1340-1343．

⑤ 吴燕，周晓林，罗跃嘉．跨期选择和风险决策的认知神经机制[J]．心理与行为研究，2010，8（1）：76-80．

⑥ 黄文强，杨沙沙，于萍．风险决策的神经机制：基于啮齿类动物研究[J]．心理科学进展，2016，24（11）：1767-1779．

2.1.2.1　标准化决策范式

早期的研究者们热衷于研究标准化范式，想要建立一个完全理性的、最优化的、普适性的决策模型①。标准化决策理论认为，人和计算机一样，其决策行为可以通过数学函数进行推算。标准化决策理论相关研究者为了能够建立逻辑严密的数学模型，将人视为“理想人”，其主要特点是通过建立数学模型来描述人类的经济行为。

Neumann 和 Morgenstern 提出的预期效用理论被公认为风险决策的标准化模型的代表理论。预期效用理论假设如下：①损益值相等；②选择基于选择后财富的预期变化，即某个参照点的定义；③个人总会选择一种能使他们的期望效用最大化的替代方案。基于预期效用理论的决策模型假设是，无论信息是正面的描述还是负面的描述，理性的人总是会选择使结果价值最大化的选项②。

预期效用理论认为，时间、计算能力和记忆能力是无限和完美的，如果在决策过程中遵循基本原则，就会选择具有最大预期效用的选项；也就是说，在遵循几个基本原则（排序选项、优势性、取消性、传递性、连续性和不变性）的基础上，决策者根据每个选项的发生概率和效用进行权重计算，从而确定选项的预期效用③。在比较可供选择的选项效用时，该理论假设个体做出理性的决策，并且只有当一个选项的预期效用大于其他选项的预期效用时，才会选择该选项②。

标准化决策理论认为“理想人”在决策中有一套不变的体系，在决策时不受决策材料表征方式的影响，始终遵守最大预期效用理论，拥有完备的计算能力等，而这些在现实生活中是很难实现的。因此，标准化决策理论是基于先验的理论，并非以实验为基础，忽略了个体的主观性、复杂性及情绪的影响，也经不起实验的检验。

2.1.2.2　描述性决策范式

描述性决策理论与标准化决策理论相反，主要以实验为基础，对决策情境下决策者的心理因素进行考察，进而对决策行为进行观察和描述。描述性决策理论

---

① 庄锦英．决策心理学[M]．上海：上海教育出版社，2006．

② NEUMANN J V, MORGENSTERN O. The theory of games and economic behavior[M]. Princeton: Princeton University Press, 1944.

③ NELSON W, STEFANEK M, PETERS E, et al. Basic and applied decision making in cancer control[J]. Health psychology official journal of the division of health psychology American Psychological Association, 2005, 24(4): 3-8.

的代表理论是心理学家卡尼曼（Kahneman）提出的前景理论。

前景理论认为决策过程是二分法的过程，包括两个阶段，即初始阶段和评价阶段。初始阶段包括对可用选项的编辑。初始阶段的特点是简化和重组现有的选择。相对于中立参照点，首先将选项编码为收益或损失；然后将它们分解成更简单的形式，并给出个性化的代码，以生成原始选项的精简版本。评价阶段涉及对编辑选项的评估。在这个阶段，将根据之前的编辑对每个选项的主观值和加权概率进行评价；然后将各选项的主观值和加权概率整合成一个单独的值，并相互比较。评价阶段的框架效应用 S 形函数来表示。这个函数凹的形状表示增益，凸的形状表示损失。这描述了前景理论对风险规避收益和风险寻求损失的预测。也就是说，在前景理论案例中，凹形曲线中的个人应该更喜欢选择肯定赢得 100 美元，而不是有 50%机会赢得 200 美元或一无所得；凸形曲线中的个人应该更喜欢选择有 50%机会损失 200 美元而不是肯定损失 100 美元[①]。前景理论的权重函数具有这样的特点：在事件概率从 0 跳转到某一大于 0 的概率时，曲线发生明显的变化，即事件从不可能向可能转变的效用值较大；权重函数曲线中间变化较为平缓；当事件概率由小于 1 转变为 1 时，曲线发生明显变化，即不确定事件转变为确定事件时，效用值较大（图 2-1）[①]。在图 2-1 中，左图为价值函数，横坐标为营利—亏损，纵坐标为决策者主观感受的价值；右图为权重函数，横坐标为状态概率，纵坐标为权重维度。

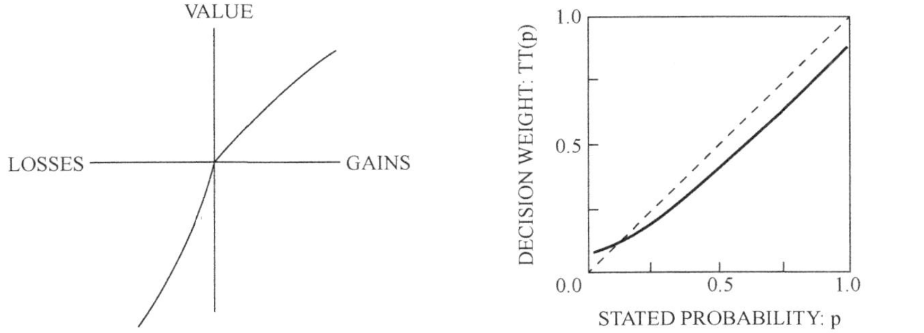

FIGURE 3.—A hypothetical value function.
（a）价值函数

FIGURE 4.—A hypothetical weighting function.
（b）权重函数

图 2-1　前景理论价值函数与权重函数曲线

① TVERSKY K A. Prospect theory: An analysis of decision under risk[J]. Econometrica, 1979, 47(2): 263-291.

卡尼曼首次将心理学领域的研究成果与方法应用到经济学中，为预测人们在不确定情况下的决策行为提供了依据。

2.1.2.3 生态理性范式

生态理性范式的思路和观点与前两种范式完全不同，它提倡“生态理性”，注重环境对人的塑造作用及人对环境的适应作用。“生态理性”的概念是由Gigerenzer提出的，他认为在决策时需要将决策结果与身处的环境进行有效的结合并进行有针对性的评估，从而得出与实际情况相匹配的决策结果。研究者们还将决策研究的生态理性范式称为进化论范式，强调在人类与大自然的相处中，从生物进化的角度去考察决策行为对环境的适应。Gigerenzer 等在生态理性范式的研究框架内发现了大量的启发式，这些启发式可以较好地拟合环境结构，从而帮助人们利用较少的信息与资源做出准确判断。Gigerenzer 等认为：“人类个体在长期进化和适应环境过程中已经具备了获得识别环境信息结构的能力，人类的决策过程就是充分利用环境中的信息结构得出具有适应价值的有用结果的过程。”①总之，生态理性范式从生态理性的角度展现了人类决策的另一面②。

从风险决策的相关理论发展可知，关于人类的风险决策行为的研究经历了从标准化决策范式（包括最大预期效用理论、预期效用理论和主观预期效用理论）到描述性决策范式（包括前景理论）再到生态理性范式，这提示我们研究人类的风险决策行为不能拘泥于决策的严密性和逻辑性，不能仅仅关注决策行为的可预测性和追求自我利益最大化，应在重视人类心理因素的同时，关注决策过程与决策环境的关系，使研究更具生态学效度，使研究结论更能指导人类决策行为。

2.2 框架效应概述

2.2.1 框架效应——典型的决策偏差

经典决策理论认为人在做出决策时是完全理性的，但事实上人在面临决策时

---

① GIGERENZER G, TODD P, ABC G T. Simple heuristics that make us smart[M]. New York: Oxford University Press, 1999.

② 于博．“完全理性”、“有限理性”和“生态理性”——三种决策理论模式的融合与发展[J]．现代管理科学，2014（10）：54-56.

由于各种因素的影响，很难做出绝对理性的判断和决策。西蒙（Simon）提出的“有限理论假说”认为，决策者的决策行为会受到“偏离理性”原则的影响，因为每个人的知识背景、知识储备量、认知水平及面临的决策情境等因素不同，所以面对各种不确定性和复杂性的决策情境时，决策者只需要满足自己的意愿和需求即可，并不需要达到最优的标准。在西蒙提出的有限理性假设的基础上，1981 年美国心理学家 Tversky 和 Kahneman 提出了框架效应[①]。

框架效应的提出引起了研究者们的普遍关注，因为这一理论从根本上质疑了经济学中“理性人”的决策假设，撼动了预期效用理论在风险决策领域的地位。框架效应理论认为，决策者不一定按照效用的最大化进行决策，决策偏好不一定是恒定、有序的。框架效应一经提出，便迅速成为风险决策理论研究和实践应用的新焦点。除了 Tversky 和 Kahneman 所采用的正框架和负框架情境，其他研究者通过比较以收益或损失形式呈现的博弈选项来证明框架效应[②③]，以及根据生存或死亡概率提出的医疗方案来证明框架效应[④⑤]。

2.2.2 框架效应的类型

Levin 等在对框架效应文献的回顾中得出结论，框架效应的存在或不存在可能是由框架类型决定的，他们确定了 3 种框架类型：风险决策框架效应（Risky Choice Framing Effect）、属性框架效应（Attribute Framing Effect）和目标框架效应（Goal Framing Effect）[⑥]。风险决策框架效应涉及对不同风险水平的决策选项的呈现。前面提到的亚洲疾病问题就是应用风险决策框架效应的一个例子。属性框架效应涉及对一个主题的特定特征的呈现。一个经常被引用的属性框架效应的例子来自 Levin 和 Gaeth 1988 年的研究。在该研究中，肉类被描述为 25%的脂肪或 75%的

① TVERSKY A, KAHNEMAN D. The framing of decisions and the psychology of choice[J]. Science, 1981, 211(4481): 453-458.

② LEBOEUF R A, SHAFIR E. Deep thoughts and shallow frames: on the susceptibility to framing effects[J]. Journal of behavioral decision making, 2010, 16(2): 111-132.

③ 徐慧，李美佳，彭华茂. 眼睛注视线索对经济领域风险决策的影响：基于框架效应范式[J]. 心理与行为研究，2022，20（1）：37-44.

④ ARMSTRONG K, SCHWARTZ J S, FITZGERALD G, et al. Effect of framing as gain versus loss on understanding and hypothetical treatment choices: survival and mortality curves[J]. Medical decision making, 2002, 22(1): 76-83.

⑤ 李燕，徐富明，史燕伟，等. 医疗决策中的框架效应[J]. 中国健康心理学杂志，2015，23（12）：1915-1919.

⑥ LEVIN I P, SCHNEIDER S L, GAETH G J. All frames are not created equal: A Typology and critical analysis of framing effects[J]. Organizational behavior and human decision processes, 1998, 76(2): 149-188.

瘦肉，关于肉类的正框架信息（75%瘦肉）比关于肉类的负框架信息（25%脂肪）更可取，这显示了属性框架效应①。目标框架效应涉及操纵目标行为结果，在正框架中，强调了执行行为所获得的益处；在负框架中，强调了不执行行为可能发生的潜在损失。例如，在 Rothman 等进行的研究中，参与者被告知使用漱口水的好处（安全有效地减少菌斑积聚），与被告知不使用漱口水的坏处（没有利用安全有效的方法来减少菌斑积聚）的参与者相比，他们更愿意购买漱口水，这显示出目标框架效应②。3 种框架类型比较如表 2-1 所示。

表 2-1　3 种框架类型比较

框架类型	什么是框架	什么是受影响的	如何衡量效果
风险决策框架	具有不同风险级别的选项集	风险偏好	风险选项选择的比较
属性框架	对象/事件的属性或特征	项目评估	单一项目吸引力评分的比较
目标框架	结果或隐含的行为对目标的影响	说服	行为采用率的比较

在 3 类框架中，风险决策框架是研究者关注最多的框架类型。风险决策框架效应标准范式如图 2-2 所示。

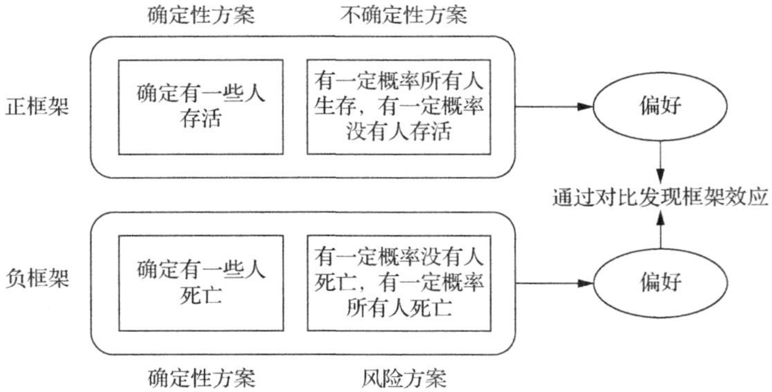

图 2-2　风险决策框架效应标准范式

① LEVIN I P, GAETH G J. How consumers are affected by the framing of attribute information before and after consuming the product[J]. Journal of consumer research, 1988(3): 3-25.

② ROTHMAN A J, MARTINO S C, BEDELL B T, et al. The systematic influence of gain-and loss-framed messages on interest in and use of different types of health behavior[J]. Personality & social psychology bulletin, 1999, 25(11): 1355-1369.

风险决策框架效应包括两个选择方案或前景的假设决策场景。在正框架中，用收益来描述两种前景的结果；在负框架中，用损失来描述两种前景的结果。通过比较两个潜在个体的选择概率来衡量效果。

在风险决策框架效应的范畴内，框架效应可以进一步被划分为两个子类——双向框架效应与单向框架效应。双向框架效应是由 Tversky 和 Kahnemen 发现的经典框架效应，这种框架效应的特征是在正框架下主要表现为风险规避选择，在负框架下主要表现为风险寻求选择。单向框架效应不涉及风险偏好反转，而是转向更极端的风险偏好。如果这种主要风险偏好在两种框架条件下都呈单向风险规避，那么正框架下的风险规避比负框架下的风险规避偏好更高。同样，如果主要风险偏好是在两种框架条件下的单向风险寻求，那么负框架下的风险寻求比正框架下的风险寻求偏好更高。因此，有两种可能的单向效应形式，一种是增加风险规避偏好，另一种是增加风险寻求偏好。

2.2.3 框架效应相关理论

为了更好地理解和解释人们在面对不同框架的信息和选项时所做的决策，研究者提出了一些决策理论和模型，主要包括预期效用理论、前景理论、模糊痕迹理论、决策的双系统理论及认知-情感权衡模型，这些理论和模型从不同角度对框架效应的发生机理进行了解释。

2.2.3.1 预期效用理论

冯•诺依曼（Von Neumann）和摩根斯特恩（Morgenstem）提出的预期效用理论，描述了一个人遵循一定的理性决策规则会如何进行决策。该理论包含了几个理性的决策原则，描述了个体在不同条件下的决策行为。他们证明，如果一个人的决策遵循规则，那么可以推导出“代表个人价值的效用或真实数字”。根据预期效用理论，当且仅当一种选择的“期望效用”大于另一种选择时，具有一定发生概率的一种选择会比另一种选择更可取[①]。也就是说，每个可能的结果都有一个与之相关的实数，这个实数被称为这个结果对个人的效用。例如，当且仅当方案 A 的预期效用大于方案 B 的预期效用时，一个理性的人会更喜欢选择方案 A 而不是方案 B。基于预期效用理论的决策模型假设，无论信息是正面的描述还是负面

① 陈凯，黄滋才．基于期望效用与前景理论的行为决策精算定价模型[J]．保险研究，2017（1）：56-67．

的描述，理性的人总是会选择使结果价值最大化的选项[①]。因此，信息框架不会影响一个人的决策。

2.2.3.2 前景理论

然而，许多研究表明，个人的决策违背了预期效用理论。Kahneman 和 Tversky 提出的前景理论，为违背预期效用理论的现象提供了解释和证明。该理论成为不确定性情境下预期效用理论的替代规范模型。他们的研究证实，以不同的方式构建相同的信息集会改变决策者的选择。前景理论认为，人们将根据结果是获利还是损失来做出选择[②③]。这意味着除了结果的概率和结果的期望值，决策还会受到结果的概率呈现方式的影响[①]。

对于框架效应产生的结果，通常用价值函数来描述[②④⑤]。价值函数的 S 形曲线（图 2-3）是表示收益的值的凹形部分与表示损失的值的凸形部分相结合的曲线。图 2-3 中的虚线部分的含义是：中性线；图中实线部分的含义是：原点以右的凹形部分反映在正框架下做抉择时，人们厌恶冒险，原点以左的凸形部分反映在负框架下做抉择时，人们转而追求冒险。价值函数的 S 形曲线（图 2-3）是由 4 个主要行为原则决定的：第一，价值函数为决策者主观感受的价值，它和参照点有关，与风险决策框架有关，不同的风险决策框架将产生不同的价值中性点；第二，这一中性点或价值零点将成为一个参照点，结果值相对于这个参照点有不同的盈亏变化，表示相对于这个中性点的收益或损失；第三，变化的边际值随幅度的增大而减小，因此收益表现为凹，损失表现为凸；第四，在等量情况下，损失值比收益值更大，因此损失函数比收益函数弧度更陡。前景理论的主要前提之一是，人们对正框架信息（收益）的风险规避和对负框架信息（损失）的风险寻求。人们对潜在损失的反应比对潜在收益的反应更强烈，因此损失造成的不快乐大于同

---

① MARTEAU T M. Framing of information: Its influence upon decisions of doctors and patients[J]. British journal of social psychology, 2011, 28(1): 89-94.

② TVERSKY K A. Prospect theory: An analysis of decision under risk[J]. Econometrica, 1979, 47(2): 263-291.

③ KAHNEMAN, DANIEL, TVERSKY, et al. Choices, values, and frames[J]. American psychologist, 1984, 41(7): 324-347.

④ THALER R H. Mental accounting and consumer choice: Anatomy of a failure[J]. Marketing science, 1985, 4(3): 199-214.

⑤ BAZERMAN N. The effects of framing and negotiator overconfidence on bargaining behaviors and outcomes[J]. Academy of management journal, 1985, 28(1): 34-49.

等数量收益赢得的快乐[①]。人们倾向更彻底地检查负框架信息，而不是正框架信息。当人们接收了积极的信息时，不会谨慎地评估它，而他们在分析消极的信息时则更加系统化[②③]。

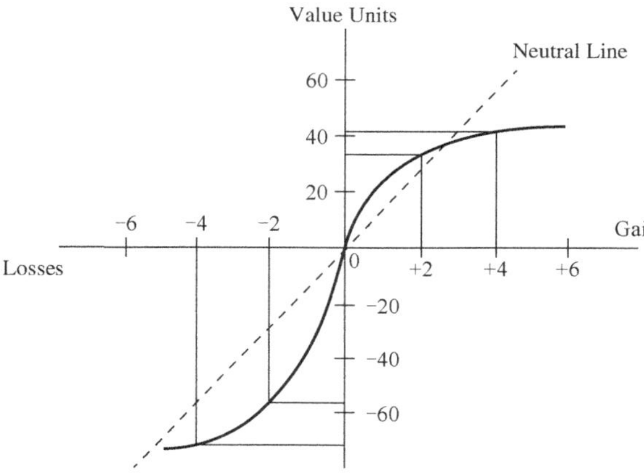

图 2-3　前景理论的价值函数

前景理论的唯一目的是描述或预测行为，而不是描述最佳行为[④]。Dunegan 和 Kenneth 描述了 Kahneman 和 Tversky 关于信息框架的本质的论断，他们认为现有的研究表明，人们对用来表达等价信息的词语非常敏感。以“半满”描述玻璃杯呈现的形象，与以“半空”描述玻璃杯呈现的形象会带来同样的信息，“半满”构建的是积极信息，“半空”构建的是消极信息，从这种半满半空的框架风格中产生的决策偏差是使用具有积极或消极含义的术语所引发的不同行为偏好[②]。

前景理论以价值函数曲线较好地解释了框架效应，然而前景理论并没有摆脱传统的预期效用理论的束缚。随着研究进展的不断深入，这种理性决策理论的缺陷开始凸显，促使研究者进一步提出新的理论。

---

① TVERSKY A, KAHNEMAN D. Rational choice and the framing of decisions[J]. Journal of business, 1986, 59(4): S251-S278.

② DUNEGAN, KENNETH J. Framing, cognitive modes, and image theory: Toward an understanding of a glass half full[J]. Journal of applied psychology, 1993, 78(3): 491-503.

③ WOFFORD J C, GOODWIN V L. Effects of feedback on cognitive processing and choice of decision style[J]. Journal of applied psychology, 1990, 75(6): 603-612.

④ THALER R H. Mental accounting and consumer choice: Anatomy of a failure[J]. Marketing science, 1985, 4(3): 199-214.

2.2.3.3 模糊痕迹理论

Brainerd 等提出了一种解释框架效应的模糊痕迹理论，这种理论与前景理论等心理、物理学理论的定量处理方法完全不同①。模糊痕迹理论涉及 4 个基本原则，具体包括：要点提取、记忆痕迹的逐字连续、模糊处理偏好和要点的层次。当遇到刺激时，人们会提取多种形式的记忆痕迹，如从模糊的主旨模式到丰富的、详细的、逐字逐句的精确刺激痕迹。人们天生倾向用更接近模糊一端的模糊痕迹来表征信息，即人们在思考和解决问题时更偏好直觉而非逻辑的认知加工方式。人们通过检查模糊的线索来做出选择，并只在任务需要时提升线索级别。也就是说，只有在任务要求他们这样做的情况下，人们才会倾向处理不精确的、卷曲的行为表征，并访问更详细的心理表征。例如，在遇到问题时，如果只需要进行大致的估计，而不需要通过计算就足够解决一个数值问题，人们就会进行基于要义的加工，并通过“一种最低水平的要义”的原则对两个选项之间的差异进行加工。例如，就亚洲疾病问题而言，按照模糊痕迹理论，人们进行决策的依据不是问题中给出的确切数字（如 200 人、1/3 的概率），而是一些更模糊的信息。在决策中，人们会将方案 A 中字面表达的“200 人存活”理解为“一些人存活”，将方案 B 中字面表达的“有 1/3 的概率 600 人存活，有 2/3 的概率没有人存活”理解为“一些人存活，一些人不能存活”。因此，在方案 A 和方案 B 中，都有一些人存活，这是两个方案的共同点。A、B 两个方案的差异在于 B 方案明确给出了“一些人不能存活”的信息，而方案 A 没有明确给出这种信息，还留有可能存活的余地。就方案 A 和方案 B 而言，方案 A 的“一些人存活”会比方案 B 的“一些人存活，一些人不存活”更具吸引力。因此，人们在正框架下会选择方案 A 而不选择方案 B。按照同样的道理，就方案 C 和方案 D 而言，人们会将方案 C 中字面表达的意思“400 人死亡”理解为“一些人死亡”，将方案 D 中字面表达的意思“有 2/3 的概率 600 人全部死亡，有 1/3 的概率没有人死亡”理解为“一些人死亡，一些人不死亡”。显然，在方案 C 和方案 D 进行对比时，方案 D 要比方案 C 具有更强的吸引力。因此，人们在负框架下会选择方案 D，而不是方案 C。

模糊痕迹理论可以从人类认知处理模式的角度较好地解释框架效应发生的机

① BRAINERD C J, REYNA V F, HOWE M L, et al. Fuzzy-Trace theory and cognitive triage in memory development[J]. Developmental psychology, 1991, 27(3): 351-369.

理，这一方面证明了模糊痕迹理论自身的价值，另一方面验证了框架效应存在的合理性①。

2.2.3.4 双系统理论

双系统理论是当前人类理性研究的一个主要领域，该理论认为，人类的认知和行为会通过两种系统产生。一个是直觉的启发式系统（Heuristic System），即在无意识状态下，自动且迅速地顺应直觉做出行动；另一个是理性的分析式系统（Analytic System），即处于意识的控制下，反应速度较慢，是思考过后的行动②③④⑤。该理论被广泛用于风险决策的研究中。研究者发现，人的决策判断系统可以区分为直觉决策判断和理性决策判断，这两部分通常分别被称为“系统 1”和“系统 2”⑥⑦。系统 1 又被称为“热系统”，属于整体式，也被称为启发式系统，它是情绪（冲动和反射）的基础，是情绪发挥作用的基础，并破坏了自我控制的努力，是一种基于无条件或条件触发特征的快速情绪加工和反应的系统；它主要依靠直觉、经验、灵感等因素对决策方案进行判断。系统 2 又被称为“冷系统”，属于系统性，也被称为分析式系统，它处理问题是有意识地努力的结果，依赖系统性信息加工，启用算法规则处理问题，加工速度慢，可以回避各种风险决策偏差的影响，但是需要耗费更多的心理资源，需要决策者做出更多的努力，它是自我调节和自我控制的中心，专门用于复杂的时空和情境的再现和评价；它主要依靠数理统计、逻辑思维、科学推理等对决策方案进行判断⑧。表 2-2 总结了这两种系统的主要特点。

---

① REYNA V F, BRAINERD C J. Fuzzy-trace theory: An interim synthesis[J]. Learning & individual differences, 1995, 7(1): 1-75.

② 孙彦，李纾，殷晓莉. 决策与推理的双系统——启发式系统和分析系统[J]. 心理科学进展，2007，15（5）：721-726.

③ OSMAN M. An evaluation of dual-process theories of reasoning[J]. Psychon bull rev, 2004, 11(6): 988-1010.

④ EVANS J. Dual-Processing accounts of reasoning, judgment, and social cognition - annual review of psychology[J].Annual reviews, 2008, 59(1) :255-278.

⑤ MACCHI L, OVER D, VIALE R. Special issue on: Dual process theories of human thought: the debate[J]. Mind & society: Cognitive studies in economics and social sciences, 2012, 11(1): 1-2.

⑥ ROZIN P, NEMEROFF C. Sympathetic magical thinking: The contagion and similarity “heuristics”[M]. Cambridge: Cambridge University Press, 2002.

⑦ KAHNEMAN D. Maps of bounded rationality: Psychology for behavioral economics[J]. American economic review, 2003, 93(5): 1449-1475.

⑧ 邓雅丹，郭蕾，路红. 决策双系统视角下的亲环境行为述评[J]. 心理研究，2019，12（2）：154-161.

表 2-2　双系统的特征

热系统（系统 1）	冷系统（系统 2）
情绪的	认知的
简单的	复杂的
本能启发的	思考分析的
快的	慢的
发展早期	发展晚期
压力使其增强	压力使其减弱
刺激控制	自我控制

双系统理论认为，人类决策产生于启发式和分析式系统的结合。在这些模型中，启发式系统（系统 1）的操作是日常推理的一种形式，基于启发式系统的操作通常是快速的、自动的、并行的、毫不费力的，并且常常是情绪化的。相比之下，分析式系统（系统 2）的操作被定义为缓慢的、受控的、连续的、费力的、易受干扰的①。

决策双系统理论引起了众多决策领域研究者的关注，他们开始研究讨论人们在做出决策时是同时利用两个系统进行决策，还是分别单独使用一个系统进行决策。大部分研究结果显示，分析式系统和启发式系统可以独立作用于决策过程，也可以通过相互影响作用于决策过程②。Kahneman 和 Frederick 的研究结果表明，在个体决策过程中分析式系统和启发式系统会同时被激活并相互影响，甚至争夺资源进而争夺决策过程的主动权③。

上述结果促使研究者们展开了新的思考，当分析式系统和启发式系统在决策过程中都被激活时，是分析式系统起决定性作用还是启发式系统起决定性作用？针对这个问题，不同的研究者给出了不同的答案和解释。Neys 认为启发式系统和分析式系统的启动是有先后顺序的，启发式系统是默认系统，人们在进行决策时，会自动化的启动启发式系统进行快速的、直觉性质的决策。如果通过启发式系统能够得到正确的决策结果，那么分析式系统就不会被启动。然而，在大多数情况下，人们会意识到通过启发式系统做出的决策存在偏差，从而启动分析式系统进

① NEYS W D. Dual processing in reasoning[J]. Psychol, 2006, 17(5): 428-433.

② POLDRACK R A, PACKARD M G. Competition among multiple memory systems: converging evidence from animal and human brain studies[J]. Neuropsychologia, 2003, 41(3): 245-251.

③ KAHNEMAN D, FREDERICK S. Representativeness revisited: Attribute substitution in intuitive judgment[M]. Cambridge: Cambridge University Press, 2002.

行分析式的信息加工，弥补启发式系统的不足[①]。Neys 还从认知资源数量的角度给出了分析，他认为当人们的认知资源数量有限时，启发式系统起主导作用；当人们的认知资源丰富时，分析式系统起主导作用，并由分析式系统决定最终的决策结果。Stanovich 和 West 研究发现，具有高分析智力的个体更有可能参与分析式系统的信息处理，并且有时高认知能力的个体具有必备的计算能力，能克服启发式系统的不良影响[②]。这些人能够将困难的问题抽象成没有上下文的规范形式，从而免受不相关信息的干扰。参与这种类型分析任务的个体首先对任务中的每个选项进行谨慎的分析，并系统地选择具有最大数值潜力的备选方案。由此可见，个体的智力和认知能力也是影响决策双系统如何发生作用的重要因素[③]。

Neys 在研究中提出，启发式系统的处理过程可能与基本知觉一样是自动的，而分析式系统对计算能力要求更高，因此当启发式系统需要更有意识的控制时，分析式系统被用来监视和覆盖启发式系统。分析式系统覆盖启发式系统的模式，得到很多研究者的证实[④]。同时，Sanfey 和 Chang 还从人的意识水平角度给出了解释。他们研究发现，当人们在无意识状态下进行决策时，启发式系统在决策过程中起主要作用；当人们有意识（即投入更多的认知资源）地进行决策时，分析式系统在决策过程中起主要作用，甚至会限制启发式系统发挥作用[②]。

从上述研究中可以看出，研究者们从不同角度解释了启发式系统和分析式系统对风险决策过程的和最终结果的影响，研究者比较一致的观点是分析式系统会纠正和弥补启发式系统的错误与不足，但不是在所有情况下都能发挥纠正和弥补的作用，这其中受到许多因素的影响。例如，时间压力[⑤]及人的积极情绪[⑥]等因素。Sanfey 和 Chang 将情绪因素纳入研究范畴中，从情绪角度区分启发式系统和分析式系统。研究发现，启发式系统是情绪化的、受情绪影响的，而分析式系统是不受情绪影响[③]。

---

① NEYS W D. Dual processing in reasoning[J]. Psychol, 2006, 17(5): 428-433.

② STANOVICH K E, WEST R F. Individual differences in reasoning: Implications for the rationality debate?[J]. Behavioral and brain sciences, 2000, 23(5): 645-665.

③ SANFEY A G, CHANG L J. Multiple systems in decision making[J]. Annals of the New York Academy of Sciences, 2010, 1128(1): 53-62.

④ MILLER E K, COHEN J D. An integrative theory of prefrontal cortex function[J]. Annual review of neuroscience, 2001, 24(1): 167-202.

⑤ FINUCANE M L, SLOVIC P, MERTZ C K, et al. Gender, race, and perceived risk: The 'white male' effect[J]. Health risk & society, 2000, 2(2): 159-172.

⑥ 杨明圆，陈燕萍，皇甫桦彦．积极情绪对最后通牒议价博弈决策的影响[J]．成都医学院学报，2018，13（3）：350-352．

为了解释决策中的框架认知偏差，众多研究者将双系统理论融入框架效应的研究中，围绕“什么样的人容易受到框架效应的影响”及“在什么条件下人们会受到框架效应的影响”两个问题展开了研究，通过不断探索逐渐找到了答案。对这两个问题的准确回答，加深了人们对框架效应发生机理的理解。

一些研究者提出，框架效应可能是两种不同的推理系统——直觉系统和分析系统作用的结果。Kahneman 和 Tversky 通过研究发现，当个体在决策过程中使用启发式系统时，他们会受到决策框架的影响，他们的反应符合前景理论的预测①。Stanovich 和 West 通过结合双系统理论提出了框架效应下的信息加工方式，他们认为信息处理有两种路径：一条路径（启发式系统）是相对自动和整体的，会使问题的自动化语境，整个过程更多地依赖上下文线索和启发式，可以被视为更快得出结论的认知捷径。另一条路线（分析式系统）则涉及更多的控制和分析处理操作，服务于去语境化和去人格化问题的分析，通过在决策过程中加入更多的细节来实现信息的去人格化和去语境化，并允许忽略不相关的信息，对任务中的每个备选方案进行谨慎的分析，最终选择最具潜力的备选方案②。

2003 年，McElroy 和 Seta 通过研究发现：第一，倾向启发式处理方式的人对框架效应更敏感，更容易受到框架效应的影响，其行为符合前景理论的原则；那些本身就倾向分析式处理方式的人对框架效应不敏感，不容易受到框架效应的影响，他们的行为更符合预期效用理论的原则。第二，采取以启发式为主的决策处理模式时，人们会更容易受到框架效应的影响；而采取以分析式为主的决策处理模式时，人们不容易受到甚至不受到框架效应的影响③。

Bechara 和 Damasio，以及 Kahneman 和 Frederick 在研究中将框架效应描述为源于启发式系统的一种情感启发式，该启发式的作用原理是，确定的收益对个体而言特别有吸引力，而确定的损失令个体特别厌恶④⑤。

---

① TVERSKY A. Judgment under uncertainty: heuristics and biases[J]. Science, 1974,185(4157): 1124-1131.

② STANOVICH K E, WEST R F. Individual differences in reasoning: Implications for the rationality debate?[J]. Behavioral and brain sciences, 2000, 23(5): 645-665.

③ MCELROY T, SETA J J. Framing effects: An analytic - holistic perspective[J]. Journal of experimental social psychology, 2003, 39(6): 610-617.

④ BECHARA A, DAMASIO A R. The somatic marker hypothesis: A neural theory of economic decision[J]. Games & economic behavior, 2005, 52(2): 336-372.

⑤ KAHNEMAN D, FREDERICK S. Frames and brains: Elicitation and control of response tendencies[J]. Trends in cognitive sciences, 2007, 11(2): 45-46.

在一项神经成像研究中，Martino 等发现，在冒险决策中，框架效应与杏仁体的激活有关，特别是扁桃体的激活与被试在问题被定义为收益时选择确定性选项，在问题被定义为损失时选择风险选项有关；行为更理性的被试的眶部和内侧前额叶皮层表现出更强的活力①。这些结果支持了双系统理论。

2.2.3.5 认知—情感权衡模型

认知—情感权衡模型将认知与情绪联系起来。该理论模型认为框架效应的产生是个体在“选择方案所需的认知努力”(如果选择该方案需要的认知努力成本高，则人们不太可能选择该方案）和“选择方案所需的情感价值”（如果选择该方案的结果让人产生不愉快的感觉，则人们不太可能选择该方案）之间权衡的结果。在一个正框架中，在一个好的决定和最小化认知努力之间达到妥协很容易。例如，选择“将拯救 200 人”的选项在情感上感觉“正确”，并且毫不费力（即不需要计算)。如果决策者只需花费所需的认知努力来分析风险方案，并且这种选择在情感上是正确的，那么这个方案就是可行的。但是相比之下，在负框架下这种妥协更难实现。“400 人将死亡”的选项很容易分析出相对糟糕的结果，这并不是一个理想的选择（即产生强烈的不快感)。因此，在负框架中进行选择时，个人更愿意选择评估风险更大的选项，因为他们更专注于改善结果。Payne 等发表的研究结果表明，当期权被设定为损失而不是收益时，个人需要更长的时间来做出决定②。

Gonzalez 等研究证实了认知—情感权衡模型，研究发现决策者在解决问题时权衡了认知努力和情感体验③。具体来说，当选择需要相似的认知努力时，决策者倾向选择有更愉快的情绪体验的选项，当选择产生相似的积极情绪时，需要更少的认知努力的选项更有吸引力④。在亚洲疾病问题中，在正框架下的两种选择都可以在相似的水平上产生愉悦的情绪，但方案 A 不需要认知努力，而方案 B 需要计

① MARTINO B D, KUMARAN D, SEYMOUR B, et al. Frames, biases, and rational decision-making in the human brain[J]. Science, 2006, 313(5787): 684-687.

② PAYNE J W, BETTMAN J R, JOHNSON E J. The adaptive decision maker[M]. Cambridge: Cambridge University Press, 1993.

③ GONZALEZ C, DANA J, KOSHINO H, et al. The framing effect and risky decisions: Examining cognitive functions with fMRI[J]. Journal of economic psychology, 2005, 20(9): 334-357.

④ TSAI S P. Utility, cultural symbolism and emotion: A comprehensive model of brand purchase value[J]. International journal of research in marketing, 2005, 22(3): 277-291.

算期望值，因此大多数人选择方案 A；然而，在负框架下，尽管方案 C 需要更少的认知努力、方案 D 的风险更高，但选择方案 C（400 人将死亡）比选择方案 D（600 人可能最大化死亡或可能不会死亡）会诱发更强的负面情绪，因此对大多数决策者来说，情感体验胜过认知努力。简而言之，虽然决策者会同时权衡认知努力和情感体验，但他们倾向优先考虑情感体验①。

综上所述，众多理论被用来解释框架效应，这些理论大致分为形式理论、认知理论和情感理论。前景理论是著名的形式理论，它利用价值函数解释了框架效应。该函数表明，决策者对损失比对收益更敏感，并且对两者的边际敏感性都在降低，人们会倾向选择一个被认为能获得收益的可靠选项，而不是选择期待值相等的风险选项，反之亦然。认知理论旨在确定决策者权衡得失所涉及的认知过程，如模糊痕迹理论提出框架效应是对信息进行肤浅和简化处理的结果②。决策者可以通过定性模式而不是概率和数字模式的推理来简化框架问题，可以通过使用简化机制来减少认知需求，从而找到最便捷的路径。情感理论认为框架效应是情感反应的结果。在处理亚洲疾病问题时，决策者内在的积极情绪会诱发正框架效应，虽然方案 B 有一定的概率可以救更多的人，但风险太高，这代表了一种情感威胁，大多数人倾向规避风险。同样，在负框架中，决策者试图通过积极情绪的补偿来缓解固有的消极情绪，因此大多数人更有可能选择方案 D，尽管该方案在努力获得积极情绪方面存在风险③④⑤。认知—情感权衡模型是将认知理论和情感理论结合在一起的理论。这一模型认为框架效应的发生取决于计算出选项的期望价值所需要的认知努力和该选项的情感价值之间的平衡。

---

① GANEGODA D B, FOLGER R. Framing effects in justice perceptions: Prospect theory and counterfactuals[J]. Organizational behavior & human decision processes, 2015, 126(1): 27-36.

② REYNA V F, BRAINERD C J. Fuzzy-trace theory and framing effects in choice: Gist extraction, truncation, and conversion[J]. Journal of behavioral decision making, 2010,4(4): 249-262.

③ MA Q, PEI G, KAI W. Influence of negative emotion on the framing effect: Evidence from event-related potentials[J]. Neuroreport, 2015,26(6): 325-332.

④ DRUCKMAN J N, MCDERMOTT R. Emotion and the Framing of Risky Choice[J]. Political behavior, 2008,30(3): 297-321.

⑤ DEPPE M, SCHWINDT W, KRAMER J, et al. Evidence for a neural correlate of a framing effect: bias-specific activity in the ventromedial prefrontal cortex during credibility judgments[J]. Brain research bulletin, 2005,67(5): 413-421.

2.2.4 体育运动中的风险决策框架效应

在体育运动中，运动员很容易受到风险决策框架效应的影响。例如，在实际比赛中，很多运动员为了自身或团队的荣誉，或出于对奖金的追求而产生“想赢怕输”的心理。当运动员的参照点是“赢得比赛”或“获得奖金”时，此时运动员面临的是获得收益，很可能产生“保”的心态，从而变得保守；而当其参照点为“输掉比赛”或“失去奖金”时，实际上面临的是造成损失，可能产生“拼”的心态，从而出现冒险行为。因此，在对运动员进行战术分析和策略指导时，可根据运动员和对手的实力对比及实际情况适时地改变信息的提供方式，从而促进运动员心态的变化及技战术水平的调整。对于运动员来说，产生框架效应时会受到很多因素的影响，主要有框架效应本身因素、决策者相关因素。

1. 框架效应本身因素：框架效应的类型

对于框架效应类型的划分，Levin 等提出从被框架的对象、框架影响的对象和该框架效应的典型测量方式这 3 个维度将框架效应区分为风险决策框架效应、属性框架效应和目标框架效应①。目前，在体育运动领域的框架效应研究主要是围绕风险决策框架效应展开的。

有学者证实了风险决策前景理论在运动情境中有较强的适用性；王洪彪等研究了运动员在不同的运动情境中均受到风险决策框架效应的影响，其中在关键平局赛点比分落后和关键落后局的运动情境中运动员受框架效应影响显著②。刘永革和杨琰研究发现，如果将决策信息表征为正框架，则运动员更容易出现“手软”现象，因为在正框架下运动员会以得分为参照点，决策时会表现出风险规避，倾向采用保守方案；将决策信息表征为负框架，可以减少运动员“手软”现象，因为在负框架下运动员会以失分为参照点，决策时表现出风险寻求，倾向采用冒险方案③。研究者在体育运动领域已经进行了大量关于风险决策框架效应的研究，作者也将围绕风险决策框架效应展开研究。

---

① LEVIN I P, SCHNEIDER S L, GAETH G J. All frames are not created equal: A typology and critical analysis of framing effects[J]. Organizational behavior and human decision processes, 1998, 76(2): 149-188.

② 王洪彪，张绍礼，王晓玲．运动风险决策情境中的框架效应研究[J]．沈阳体育学院学报，2011，30（4）：69-73.

③ 刘永革，杨琰．框架效应对女排运动员运动决策风险偏好的影响[J]．成都体育学院学报，2012，38（8）：45-48.

2. 决策者相关因素：性别、运动等级、运动年限

不同性别的决策者具有不同的思维方式、决策模式和风险偏好[①]。因此，性别成为影响运动员风险决策框架效应的重要因素。李胜明等将决策任务设定为对比赛方案的风险决策，以 96 名中国学生运动员（其中男生 51 人、女生 45 人）为被试，结果发现男性被试明显受到了框架效应的影响，而女性被试没有受到框架效应的影响[②]。还有研究者以女排运动员为研究对象，探讨正负信息呈现方式对运动员参照点的选取及运动决策风险偏好的影响，发现女性排运动员受到框架效应的影响[①]。也有研究者发现风险决策框架效应在性别方面无显著差异[③]。总结关于性别对框架效应调节作用的研究发现，性别在某些运动情境下对框架效应无调节作用，但在很多运动情境下具有重要的调节作用。已有研究表明，对于运动员来说，运动年限、运动等级是影响风险决策框架效应的重要因素[④]。关于运动等级与框架效应的关系，研究者发现，无论是在“局内人”问题中还是在“局外人”问题中，一般水平运动员均受框架效应影响，而优秀运动员只在“局内人”问题中受框架效应影响[③]，低水平运动员在正框架情境中受框架效应影响[⑤]。杨勇涛等的研究结果显示，一级运动员和运动健将均受框架效应影响，但是水平较低的一级运动员较运动健将受框架效应的影响稍大，这说明低水平运动员更易受框架效应影响[③]。关于运动年限与框架效应的关系的研究较少，但研究者关注到，决策者对决策问题所积累的经验会影响决策过程[④]。有研究发现，专家水平与框架效应有关[③]，因此运动年限很可能影响运动员的框架效应。

---

① 冯申梅，杜红芹，刘智文，等．情绪与性别对医疗风险决策的影响[J]．中国健康心理学杂志，2019（4）：627-631．

② 李胜明，李昊，赵晓玲．框架效应下优秀运动员风险决策偏好研究[J]．成都体育学院学报，2009，35（3）：32-35．

③ 杨勇涛，张忠秋，李旭鸿，等．排球运动员心理韧性和风险决策行为的关系[J]．中国运动医学杂志，2015，34（7）：681-687．

④ 韩旭．框架效应对大学生排球运动员运动决策风险偏好的影响[D]．北京：北京体育大学，2017．

⑤ 王洪彪，张绍礼，王晓玲．运动风险决策情境中的框架效应研究[J]．沈阳体育学院学报，2011，30（4）：69-73．

2.3 时间压力与风险决策框架效应

2.3.1 时间压力的界定

时间压力被认为是影响风险决策框架效应的一个重要因素。多年来，不同研究者在研究中对时间压力给出了不同的定义。Svenson 和 Benson 将时间压力定义为“一个人想做的事情和在时间耗尽之前可以做的事情之间的差异”①。Maule 与 Hockey 将时间压力定义为“为完成一项任务而强加的时限或最后期限”②。类似地，Kayaalp 和 Alper 将时间压力定义为“完成任务的可用时间和所需时间之间的差异”③。同时，Landry 提出在特定情况下个人感受到的时间压力是他们对完成任务所需时间和工作量的评估的函数④。

有些研究者提出的定义更注重时间压力给人带来的体验和感受。Ordóñez 和 Benson 提出时间压力是指时间的限制引起了人的一些压力感，并使人产生了应付有限时间的需要⑤。Cooper 等及 Maruping 等将时间压力定义为“相对于手头任务的需求而言，缺乏可用时间来完成任务的体验”⑥⑦。在研究中，研究者最初给定决策任务的可用时间是不受限制的，但随后时间逐渐减少，这可能导致被试调动更多的资源来执行决策任务，然后可用的时间被进一步限制，随着时间变得更短，被试缺乏时间的体验变得更强烈，最终造成时间压力。王大伟和刘永芳将时间压

① SVENSON O, BENSON L. Time pressure and stress in human judgment and decision making[M]. Berlin: Springer, 1993.

② MAULE A J, HOCKEY G. State, stress, and time pressure[J]. Time pressure and stress in human judgment and decision making, 1993, 984: 83-101.

③ KAYAALP, ALPER. The octopus approach in time management: Polychronicity and creativity[J]. Military psychology, 2014, 34(2): 624-649.

④ LANDRY C F. The impacts of time pressure and emotion on the information behavior of high stakes decision makers: The home buying experience[D]. Washington: University of Washington, 2014.

⑤ ORDÓNEZ L, BENSON L. Decisions under time pressure: How time constraint affects risky decision making[J]. Organizational behavior and human decision processes, 1997, 71(2): 356-375.

⑥ COOPER C L, DEWE P J, O'DRISCOLL M P. Review of organizational stress: A review and critique of theory, research, and applications[J]. Personnel, psychology, 2003, 40(2):324-347.

⑦ MARUPING L M, VENKATESH V, THATCHER S, et al. Folding Under Pressure or Rising to the occasion? Perceived time pressure and the moderating role of team temporal leadership[J]. Academy of management journal, 2015, 58(5): 1313-1333.

力定义为在完成某项决策任务的时间被限制的状态下，个体表现出的一种主观状态，是个体所能知觉的压力在主观情绪上的反映①。

由时间压力的定义可知，当一个人想做或觉得他/她应该做的事情和他/她实际有时间做的事情之间出现差异时，时间紧张的感觉就可能出现，进而影响个人行为和表现②。显然，时间压力不仅包括可用时间的问题，还包括决策任务的重要性和复杂性及其他心理和生理变量的关系等问题。因此，时间压力是研究决策的一个重要因素。

本书采用的时间压力的定义是：要求决策者在一定的时间规定下做出决策时，决策者对这一规定的时间产生的主观知觉压力感与感受到的主观压力情绪。

2.3.2 时间压力操作和测量

和定义一样，研究者对于时间压力的操作和测量也没有形成一个标准化的范式。从已有研究来看，主要有以下几种典型方法。

（1）通过操纵时间或时间观念来产生时间压力。通过预实验来测定被试在无限制条件下完成决策任务的时间，并计算该时间的平均值（*M*）和标准差（*S*），然后用（M−SD）的时间作为引发被试时间压力的标准值③④。这种时间压力设定的假设是：当个体的决策时间呈正态分布时，低于平均值一个标准差的时间限制会导致大多数（84%）被试缺乏充分的时间来进行决策，最终时间限制对被试的决策质量产生影响⑤。该方法需要在正式实验时，对被试的时间压力感进行测定，验证被试是否产生了时间压力。

（2）利用时间流逝的视觉表征来诱发时间压力。Luo 等在查询框上方的搜索界面上设置了一个计时条，被试在完成任务过程中花费的时间越多，计时条就会

① 王大伟，刘永芳．时间知觉对决策制定的时间压力效应的影响[J]．心理科学，2009，32（5）：1106-1108.

② MIRON-SPEKTOR E, INGRAM A, KELLER J, et al. Microfoundations of organizational paradox: The problem is how we think about the problem[J]. Academy of management journal, 2018, 61(1): 26-45.

③ HUBER O, KUNZ U. Time pressure in risky decision-making: effect on risk defusing[J]. Psychology science, 2007, 49(2): 523-546.

④ MAULE A J, HOCKEY G, BDZOLA L. Effects of time-pressure on decision-making under uncertainty: Changes in affective state and information processing strategy[J]. Acta psychologica, 2000, 104(3): 283-301.

⑤ SVENSON O, BENSON L. Time pressure and stress in human judgment and decision making[M]. Berlin: Springer, 1993.

从绿色变为红色，并且闪烁的频率也越高①。Maule 等展示了一个计时条，它随着时间的流逝而收缩，在时间用完时消失②。Weenig 和 Maarleveld 在低压力和高压力条件下使用了两种不同的时间线索，在高时间限制条件下（有时间限制）会显示一个倒计时计时器，在低时间压力条件下（没有时间限制）会显示一个时钟③。

（3）通过提示被试完成任务的时间不够来使其产生时间压力④。例如，为了让被试产生一种匆忙的感觉，Inbar 等使用了两种不同频率（80 次/分和 40 次/分）的节拍器来计时⑤。Wright 通过每 10 秒在黑板上写下所花费的时间来表示时间的流逝，指导被试尽可能快地工作，并要求被试在纸上记下他们在每个任务上花费的时间⑥。

（4）通过工作和时间的变化使被试产生时间压力。具体的操作方法如下：①在不改变允许的时间的情况下通过改变要做的工作任务来引起时间压力。通过在时间紧迫的条件下给被试更多的任务⑦，或者通过给被试更复杂的认知任务来使其产生压力⑧。例如，Hertzum 和 Holmegaard 在不改变允许的时间量的情况下分配了具有不同认知复杂性的强制搜索任务。他们发现，在认知更复杂的任务中，

---

① LUO C, LI X, LIU Y, et al. [ACM Press the 2017 Conference - Oslo, Norway (2017.03.07-2017.03.11)] Proceedings of the 2017 Conference on Conference Human Information Interaction and Retrieval - CHIIR \"17 - Investigating Users\" Time Perception during Web Search[J]. On academ, 2017: 127-136.

② MAULE A J, HOCKEY G, BDZOLA L. Effects of time-pressure on decision-making under uncertainty: Changes in affective state and information processing strategy[J]. Acta psychologica, 2000, 104(3): 283-301.

③ WEENIG M, MAARLEVELD M. The impact of time constraint on information search strategies in complex choice tasks[J]. Journal of economic psychology, 2002, 23(6): 689-702.

④ ALISON L, DORAN B, LONG M L, et al. The effects of subjective time pressure and individual differences on hypotheses generation and action prioritization in police investigations[J]. Journal of experimental psychology applied, 2013, 19(1): 83-93.

⑤ INBAR Y, BOTTI S, HANKO K. Decision speed and choice regret: When haste feels like waste[J]. Journal of experimental social psychology, 2011, 47(3): 533-540.

⑥ WRIGHT P. Time pressure, distractions and the use of evidence[J]. Journal of applied psychology, 1974,59(5): 551-561.

⑦ CRESCENZI A, CAPRA R, ARGUELLO J. Time limits, information search and the use of search assistance[C]//Association for computing Machinery. The 2017 Conference on human information interation and retrieval. New York: Association for computing machinery, 2017.

⑧ BAETHGE A, RIGOTTI T. Interruptions to workflow: Their relationship with irritation and satisfaction with performance, and the mediating roles of time pressure and mental demands[J]. Work & stress, 2013, 27(1): 43-63.

时间压力明显更高。②以额外任务打断主要任务来使被试产生时间压力[①②③]。③通过改变信息呈现的速度[④]，或者如果被试不能按时完成任务，就强加额外的工作的形式来使其产生时间压力[⑤]。④研究人员根据被试在给定时间内完成的工作量[⑥]或完成给定工作量所需的时间来评估时间压力[⑦]。

总结之前的研究成果，在以往的时间压力与风险决策的相关研究中，通常会将时间压力情境分为无时间压力和有时间压力两种情境，大部分研究者通过对决策者的决策时间进行压缩来创造有时间压力的情境。无时间压力的情境是指不限制被试的决策时间。有时间压力情境是对被试的决策时间进行限制，让被试在时间限制下做出决策并使被试感受到压力。考虑到实验操作的简便性和实验结果的可比性，本书将采用第一类方法对时间压力进行设定，创设有时间压力的情境。

2.3.3 时间压力对风险决策框架效应影响的研究

在最初的框架效应研究中，研究者并未考虑时间压力的影响。后续研究者通过研究发现，时间压力作为一种重要的情境变量是影响风险决策框架效应的一个重要因素。到目前为止，不同研究者关于时间压力与风险决策框架效应的关系的研究得出了不同的结论。主要有以下 3 种观点：第一种观点认为时间压力增强了风险决策框架效应；第二种观点认为时间压力削弱了风险决策框架效应；第三种观点认为时间压力对风险决策框架效应没有产生影响。

---

① HERTZUM M, HOLMEGAARD K D. Thinking aloud in the presence of interruptions and time constraints[J]. International journal of human computer interaction, 2013, 29(4-6): 351-364.

② MARK G J, GUDITH D, KLOCKE U. The cost of interrupted work: More speed and stress[C]//Association for computing machinery, Annual SIGCHI conference On Human factors in computing systems. New York: Association for computing machinery, 2008.

③ BAETHGE A, RIGOTTI T. Interruptions to workflow: Their relationship with irritation and satisfaction with performance, and the mediating roles of time pressure and mental demands[J]. Work & stress, 2013, 27(1): 43-63.

④ GERALD, MATTHEWS, SIAN, et al. Task-induced stress and individual differences in coping[J]. Proceedings of the human factors & ergonomics society annual meeting, 1998, 44(5): 229-249.

⑤ ORDONEZ L, BENSON L. Decisions under time pressure: How time constraint affects risky decision making[J]. Organizational behavior and human decision processes, 1997, 71(2):356-375.

⑥ MARSDEN J R, PAKATH R, WIBOWO K. Decision making under time pressure with different information sources and performance based financial incentives - part 3[J]. Decision support systems, 2006, 42(1): 186-203.

⑦ RIESKAMP J, HOFFRAGE U. Inferences under time pressure: How opportunity costs affect strategy selection[J]. Acta psychologica, 2008, 127(2): 258-276.

最早关于时间压力对决策影响的研究来自 Zur 和 Breznitz，他们的研究结果表明，与中、低时间压力相比，被试在高时间压力下更倾向保守行为，被试更倾向花更多时间观察消极的维度（损失量和损失概率）；而在较低的时间压力下，他们更倾向观察积极的维度（收益量和收益概率）[①]。他们发现被试采取过滤信息和加速信息处理策略来应对时间压力，同时发现时间压力会促进框架的再组织，从而使被试的决策更加保守，进而增强了框架效应。随后 Brainerd 和 Reyna 的研究也证明，在短时背景下进行风险决策的被试，可能因没有充足的时间获取足够的信息而采取提取信息要点的方式进行判断和决策，进而导致了框架效应的增强[②]。随着双系统理论的提出，研究者发现框架效应主要是由快速、直观的系统驱动的，如果在决策过程中对被试施加时间压力，则被试会自主地采用快速、简单的启发式系统加工模式处理决策信息，因为在时间限制下很难采用分析式系统加工模式处理决策信息，所以时间压力增强了框架效应[③④]。

但也有部分研究者发现，时间压力并非像上述研究所认为的增强了框架效应，他们反而认为时间压力削弱了框架效应。亚洲疾病问题的研究及 Svenson 和 Benson 关于时间压力对彩票选择的影响研究结果均显示，时间压力削弱了框架效应[⑤⑥]。国内研究者胡伟国和胡瑜也发现，时间压力使被试情绪受到影响，进而削弱了框架效应[⑦]。同时，研究者依据差异与巩固理论发现，在时间压力情境中的决策是一种精细分析加工的过程，会促使框架效应弱化[⑧]。

还有部分研究者认为，时间压力不影响框架效应。国内研究者刘涵慧等研究

① ZUR H B, BREZNITZ S J. The effect of time pressure on risky choice behavior[J]. Acta psychologica, 1981, 47(2): 89-104.

② BRAINERD C J, REYNA V F, HOWE M L, et al. Fuzzy-trace theory and cognitive triage in memory development[J]. Developmental psychology, 1991, 27(3): 351-369.

③ CHANG L J, SANFEY A G. Emotion, decision-making and the brain[J]. Advances in health economics & health services research, 2008, 20(8): 31-49.

④ GUO L, TRUEBLOOD J S, DIEDERICH, et al. Thinking fast increases framing effects in risky decision making[J]. Psychological science: A journal of the American psychological society, 2017, 30(2): 554-577.

⑤ SVENSON O, BENSON L. Time pressure and stress in human judgment and decision making[M]. Berlin: Springer, 1993.

⑥ KAHNEMAN D, TVERSKY A. On the interpretation of intuitive probability: A reply to jonathan cohen[J]. Cognition, 1979, 7(4): 409-411.

⑦ 胡伟国，胡瑜．时间压力对风险决策中框架效应的影响[J]．心理科学，2009，32（3）：694-696.

⑧ 严欣静，游旭群．时间压力对风险决策中框架效应的影响[C]//中国心理学会．第十九届全国心理学学术会议．西安：中国心理学会，2016.

发现，在高时间压力下，被试的分析加工能力完全被限制，只能通过更简单的办法来进行决策，这使被试本能地选择保守方案，因此框架效应并没有在高时间压力条件下产生作用①。Rieskamp 和 Hoffrage 认为，对于时间压力是否对框架效应产生影响，需要结合决策问题本身的概率水平来分析②。

众所周知，在篮球竞技比赛中时间压力是篮球运动员赛场上压力的一个重要来源，在时间压力情境下仍能做出正确决策对篮球运动员和整场比赛来说都至关重要。通过目前已有的研究结果发现，时间压力对于框架效应的影响非常复杂，大多数研究认为时间压力增强了框架效应，部分研究认为时间压力削弱了框架效应，少数研究认为时间压力与框架效应关系复杂，甚至并无影响。在运动领域中，时间压力情境是很常见的情境，因此在竞赛情境下，时间压力与篮球运动员风险决策框架效应呈现怎样的关系，值得我们研究探讨。

2.4 情绪与风险决策框架效应

2.4.1 情绪的定义与分类

什么是情绪？对于情绪一直没有一个被普遍接受的定义。Cannon 认为情绪仅仅是一种身体反应③。继 Cannon 之后，有研究者提出情绪化对象的生理反应是情绪的内在特征。James 在他早期的情感理论中提出情绪是把身体的内脏置于情感体验的中心④。牛津英文字典中将情绪定义为“有别于认知或意志的精神感受或情感（如痛苦、欲望、希望等）”。无论是 Cannon、James，还是牛津字典，提出的情绪概念都有一个共同点，即情绪是一种精神状态，同时躯体信号参与了这种精神体验。随着对情绪研究的不断深入，Dantzer 将情绪定义为“一种生理觉醒状态和与这种觉醒状态相适应的认知状态”⑤。1993 年，Scherer 和 Klaus 提出，所有

① 刘涵慧，周洪雨，车宏生．人格特征对不同类型框架下决策的影响[J]．心理科学，2010，33（4）：823-826.

② RIESKAMP J, HOFFRAGE U. Inferences under time pressure: How opportunity costs affect strategy selection[J]. Acta psychologica, 2008, 127(2): 258-276.

③ CANNON W B. The james-lange theory of emotions: A critical examination and an alternative theory[J]. The American journal of psychology, 1987, 100(3/4): 567-586.

④ JAMES B W. The principles of psychology[J]. American journal of psychology, 1950, 2 (4): 761-783.

⑤ DANTZER R. Emotion: Theory, research and experience[J]. Neuropsychologia, 1988, 26(1): 197-198.

的认知或多或少都会参与情绪活动[①]。Griffiths 和 Paul 认为情绪是“高级认知中的一种突发性动机复合体[②]。Reeve 提出情绪是短暂的、有感觉的、有目的的、有表达性的身体反应，帮助人们适应生命中重要事件中所面临的机遇和挑战[③]。在这个定义下，情绪有生理和心理两个维度，它是对外界的反映，它向外界表达身体内部发生的事情，它的存在是有原因的——每种情绪都有一个目的。Reeve 提出的情绪定义是该领域的代表，该定义允许情绪大于其各部分之和，从而反映出情绪体验的复杂性。我国心理学家孟昭兰认为，情绪是一种内部心理活动，它以个体的愿望和需要为中介，是由主观体验、外部表现和生理唤醒 3 个成分组成的多维结构物，它同认知产生交互作用，使得个体更好地生存并适应人际交往，它不仅是一个心理活动过程，还是一种心理动机[④⑤]。综上所述，情绪是以个体的愿望和需要为中介的一种心理活动，是对客观事物的态度体验和行为反应。

关于情绪的分类，研究者以生物学为导向理论提出了基本的、普遍的情绪类型。以认知为导向的理论强调情感的广泛多样性、相似情感之间的区别，以及一种语言（如英语）中表达情感的单词[③]。在最基本的层面上，Solomon 只识别出两种情绪，积极的（愉快的）和消极的（厌恶的），每种情绪都会触发另一种情绪[⑥]。相反的情绪过程可以被认为是复杂的和矛盾的[⑦]。Izard 提出了一种更广泛的理论，即差异情绪理论，该理论将基本情绪和高阶思维过程结合起来[⑧]。根据 Izard 的观点，有 6 种基本的情绪：兴趣、快乐、悲伤、愤怒、厌恶和恐惧。它们是由身体反应产生的，这些反应或多或少是自动的和固定的。关于基本情绪的确切数量一直存在广泛争论，不同的理论家使用不同类型的证据（如神经放电的模式、面部表情、身体内的神经化学反应）来支持他们的观点。Watson 等认为，积极情感是

---

① SCHERER, KLAUS R. Neuroscience projections to current debates in emotion psychology[J]. Cognition and emotion, 1993, 7(1): 1-41.

② GRIFFITHS, PAUL E. What emotions really are[M]. Chicago: University of Chicago Press, 1997.

③ REEVE J. Understanding motivation and emotion[M]. New York: Harcourt Brace College Publishers, 1992.

④ 孟昭兰．人类情绪[M]．上海：上海人民出版社，1989.

⑤ 孟昭兰．普通心理学[M]．北京：北京大学出版社，1994.

⑥ SOLOMON R L. The opponent-process theory of acquired motivation: The costs of pleasure and the benefits of pain[J]. American psychologist, 1980, 35(8): 691-712.

⑦ MACINTYRE P D. Willingness to communicate in the second language: Understanding the decision to speak as a volitional process[J]. The modern language journal, 2007, 91(4): 564-576.

⑧ IZARD C E. Basic emotions, natural kinds, emotion schemas, and a new paradigm[J]. Perspectives on psychological science, 2007, 2(3): 260-281.

一种高动机、热情和愉快的情绪，包括快乐、喜欢、热情和自豪等；消极情感是一种忧虑、不愉快的和焦虑的情绪，包括厌恶、悲伤、害怕和后悔等。基于以上理论观点，Watson 等编制了情绪自评量表 PANAS（Positive Affect and Negative Affect Scale，正性情绪和负性情绪量表）①。

2.4.2 情绪的诱发及测量

情绪不是静止的，情绪的变化性与复杂性是情绪体验的两个重要特点，随着时间的推移及所处情境的变化，个体的情绪体验会有大幅度的波动。因此，在情绪的相关研究中，研究者首先需要诱发被试特定的情绪状态，这种情绪状态必须是可靠的、稳定的且具有较好的生态效度，只有这样，才能使研究得以进行，使所得研究结果更加可靠。如何对诱发后的情绪进行测量，也是研究者们关注的重点。通过单一的情绪体验测量方法无法全面了解情绪发展的特点与规律。目前，研究者对于个体情绪的测量，一般根据自身研究的需要采用自我报告、面部表情、生理唤醒和神经生理变化等多种方法将主观情绪体验转换成客观指标并进行研究分析②。近年来，研究者对情绪进行了广泛的研究，并设计了很多诱发情绪及测量情绪的方法。

1. 情绪诱发的方法

1）刺激材料诱发

（1）视觉。视觉刺激是应用最广泛的诱发情绪的方法之一，在实验中需要将具有情绪信息的文字、图片等刺激材料呈现给被试，以诱发实验所需要的情绪状态。

① 文字情绪诱发法。Velten 在 1968 年提出 Velten 情绪诱发法③，该方法是通过让被试阅读具有强烈情绪色彩的语句并体验语句所表达的情绪来实现情绪诱发。后来的研究者对 Velten 情绪诱发法的施测方式、指导语的呈现方式、陈述句的数量、实验组的安排做了调整，但是整体结构或形式没有太大的改变。Velten

---

① WATSON D, CLARK L A, TELLEGEN A. Development and validation of Brief Measures of Positive and Negative Affect - the Panas Scales[J]. Journal of personality and social psychology, 1988, 54(6): 1063-1070.

② 胡银莹．自我觉知影响情绪体验的 ERP 研究[D]．上海：上海师范大学，2015.

③ VELTEN E J. A laboratory task for induction of mood states[J]. Behaviour research and therapy, 1968, 6(4): 173-482.

情绪诱发法因其操作简单方便而成为使用最广泛的实验室情绪诱发方法[①]。目前，文字情绪诱发法已经形成了较为标准、完善的刺激材料库。美国国立精神卫生研究所推出的英语情感词系统（Affective Norms for English Words，ANEW）[②]和英文情感短文系统（Affective Norms for English Text，ANET）[③]都是得到广泛认可的文字情绪刺激材料库[④]。国内研究者在相关研究的基础上，对国外的刺激材料进行了本土化修订和完善，推出了汉语情感词系统（Chinese Affective Words System，CAWS）[⑤]。

② 图片情绪诱发法。该方法通过为被试呈现具有浓厚情绪色彩的材料，包括图片和文字，来使其产生所需要的情绪状态。在这个过程中，先连续呈现积极、消极、中性的图片，再评估被试情绪的变化，相较于每呈现一张图片就评估的方法效果更佳。目前，图片情绪诱发法也已经形成了较为标准、完善的刺激材料库，如国际情绪图片系统（International Affective Picture System，IAPS）[⑥]和中国情绪图片系统（Chinese Affective Picture System，CAPS）[⑦]。

③ 图文并茂情绪诱发法。该方法结合了文字和图片两种情绪诱发的方法，由含有情绪色彩的文本信息及与文本信息情绪色彩一致的典型图片构成，在使用该方法诱发情绪时，常常会涉及下列假设：与阅读了中性文本信息的被试相比，阅读了积极文本信息的被试在评价两个未知的中性词时会更加积极，而阅读了消极文本信息的被试在评价两个未知的中性词时则会更加消极。研究者对图文并茂这一情绪诱发方法进行了元分析，结果表明该诱发方法在诱发消极情绪时的效果要

---

① WESTERMANN R, SPIES K, STAHL G, et al. Relative effectiveness and validity of mood induction procedures: A meta-analveic[J]. Furanean tonrnal of sacial peveholoav. 1996 26(4): 557-586.

② BRADLEY M M, LANG P J. Affective norms for English words (ANEW): Stimuli, instruction manual and affective ratings. (Technical report C-1)[M]. Gainesville, FL: The Center for Research in Psychophysiology, University of Florida, 1999.

③ BRADLEY M M, LANG P J. Affective norms for English text (ANET): Affective ratings of text and instruction manual. (Tech. Rep. No. D-1)[M]. Gainesville, FL: University of Florida, 2007.

④ KOUSTA S T, VIGLIOCCO G, VINSON D P, et al. The representation of abstract words: Why emotion matters[J]. Journal of experimental psychology general, 2011, 140(1): 14-34.

⑤ 王一牛，周立明，罗跃嘉．汉语情感词系统的初步编制及评定[J]．中国心理卫生杂志，2008，22：608-612．

⑥ BRADLEY M M, LANG P J. The international affective picture system (IAPS) in the study of emotion and attention[M]//Coan J A, Allen J B. Handbook of emotion elicitation and assessment. New York: Oxford University Press, 2007.

⑦ 白露，马慧，黄宇霞，等．中国情绪图片系统的编制——在 46 名中国大学生中的试用[J]．中国心理卫生杂志，2005，19（11）：719-722．

好于其诱发积极情绪时的效果。

（2）听觉。音乐情绪诱发法，是通过听觉为被试呈现刺激材料，让被试听具有强烈情绪色彩的音乐，使他们在音乐的帮助下产生愉快、悲伤或者中性的情绪。

相关研究发现，自然界的声音录音、非言语音节及音乐都可以作为情绪诱发的材料。例如，Nimh 通过采集鸟叫、婴儿哭泣、炸弹爆炸、下雨等一系列声音，对其愉悦度和唤醒度进行评定，于 1999 年建立了国际情感数码声音系统（International Affective Digitalsound System，IADS），于 2007 年对其进行了修订，推出了 IADS2。这两个系统为研究听觉刺激对认知、情绪、行为的影响提供了标准化的工具，被应用于大量实验研究中[①②③]。国内研究者同样在大量收集各种声音的基础上建立了中国情感数码声音系统（Chinese Affective Digital Sounds，CADS）[④]。

音乐情绪诱发法具有其他情绪诱发方法难以比拟的优势。首先，音乐能够诱发一系列不同的情绪，如高兴、悲伤、沮丧等；其次，和文字、图片等材料诱发的情绪相比，音乐往往能够诱发更为深入、持久的情绪；最后，研究表明，通过音乐诱发情绪表现出很好的跨文化的一致性。目前，音乐情绪诱发法面临的最大问题在于标准化情绪诱发材料库的缺乏。

（3）嗅觉。嗅觉是人类的另一种重要的感觉器官，在嗅觉诱发情绪的研究中，研究者通常让被试有意识或无意识地嗅闻某种气味，以此达到情绪诱发的目的。研究发现，嗅觉刺激和其他感觉通道的刺激一样，能够诱发被试积极或消极的情绪，进而对个体的认知、行为产生影响[⑤⑥]。生理方面的研究表明，使用嗅觉刺激材料能够促使被试心跳、皮肤传导性等生理参数产生变化，这些变化被认为和个体的情绪反应之间存在直接的联系[⑦]。

---

① STRAIT D L, KRAUS N, SKOE E, et al. Musical experience promotes subcortical efficiency in rocessing emotional vocal sounds[J]. The neurosciences and music III disorders and plasticity, 2009, 1169: 209-213.

② PLICHTA M M, GERDES A B M, ALPER G W, et al. Auditory cortex activation is modulated by emotion: A functional near-infrared spectroscopy (fNIRS) study[J]. NeuroImage, 2011, 55: 1200-1207.

③ TAJADURA-JIMÉNEZ A, LARSSON P, VÄLJAMÄE A, et al. When room size matters: Acoustic influences on emotional responses to sounds[J]. Emotion, 2010, 10: 416-422.

④ 刘涛生，罗跃嘉，马慧，等. 本土化情绪声音库的编制和评定[J]. 心理科学，2006（2）：406-408.

⑤ ILMBERGER J, HEUBERGER E, MAHRHOFER C, et al. The influence of essential oils on human attention. I: alertness[J]. Chemical senses, 2001, 26: 239-245.

⑥ MILLOT J L, BRAND G. Effects of pleasant and unpleasant ambient odors on human voice pitch[J]. Neuroscience letters, 2001, 297(1): 61-63.

⑦ BENSAFI M, ROUBY C, FARGET V, et al. Autonomic nervous system responses to odours: The role of pleasantness and arousal[J]. Chemical senses, 2002, 27(8): 703-709.

与音乐情绪诱发法类似，嗅觉情绪诱发法目前存在的最大问题是标准化情绪诱发材料库的缺乏。和视觉、听觉材料相比，嗅觉材料的准备、储藏要困难得多。在较为严格的诱发实验中，研究者需要在被试的呼吸方式、携带气味的气体的流量、气味的扩散和消除时间等方面进行严格的控制。嗅觉材料通常较难精准地诱发出某种特定情绪，其诱发的往往是由几种积极或消极情绪组成的组合情绪。在这些因素的共同影响下，嗅觉刺激研究目前仍处于起步阶段。

（4）身体语言。近年来，随着具身认知观念的兴起，通过表情、姿势诱发被试情绪引起了心理学研究者的兴趣。相关研究表明，表情反馈可以增强或削弱个体原本存在的情绪；同时，表情反馈也可以直接诱发特定的情绪。

通过表情或身体反馈进行情绪诱发，进而研究其对认知与行为的影响成为情绪研究的又一个热点。例如，在 Havas 等[①]的研究中，研究者要求被试用牙齿横着咬一根棍子（笑脸的表情）或用嘴唇竖着抿一根棍子（皱眉的表情），同时进行句子效价的判断。结果发现，判断和表情一致的句子，如咬着棍子的被试判断积极的句子，其反应要显著快于判断和表情不一致的句子。其他研究者的研究同样发现了类似的现象，这表明面部反馈是诱发被试情绪的一种有效方法。

（5）多通道。多通道情绪诱发是指组合使用视觉、听觉、嗅觉等诱发材料，以达到更好诱发效果的情绪诱发方法。在多通道诱发情绪的方法中，有一种方法被认为是最有效的，该方法就是用电影剪辑的片段诱发情绪，这是因为与其他情绪诱发材料相比，电影片段具有很多优势，具体如下：首先，电影片段便于获得和使用；其次，电影片段能够引发个体更强烈的主观体验与生理唤醒；再次，电影片段是动态的视听刺激，日常的自然情绪通常是在动态的视觉和听觉刺激下产生的，因此可以唤起被试强烈的主观体验和生理变化，这是最接近自然状态的；最后，元分析结果表明与其他刺激材料相比，使用电影片段诱发情绪的效果更好。但是，在使用电影片段诱发恐惧情绪时，需要注意道德问题，要考虑采用的电影片段可能对被试带来的影响。

2）刺激情境诱发

（1）自传式回忆。自传式回忆是通过指导语提示，让被试回忆 3 件积极、消极、中性情绪的事情。通过回忆，被试能切身体会当时的情境，产生相应的情绪。

---

① HAVAS D A, GLENBERG A M, RINCK M. Emotion simulation during language comprehension[J]. Psychonomic bulletin & review, 2007, 14(3): 436-441.

例如，在研究中为了诱发悲伤情绪，可以让被试闭上眼睛回忆 3 件悲伤程度逐渐加深的事情，这些事情会让被试产生孤独、被抛弃、被排斥、受到伤害等情绪。随着回忆的进行，被试会逐步变得悲伤或越来越不愉快。自传式回忆是由 Brewer 和 Doughtie①提出来的。

自传回忆法需要被试有较高的合作意识，能身临其境地感受当时的氛围，体验当时的情绪，避免了普通诱发方法忽略被试感受差异的缺点。这种方法比想象法更好，能让研究者更为严格地控制情绪唤起的强度和时机。

（2）想象法。想象法是在指导语的引导下让被试想象一些积极、消极或中性情境。这种方法的优点是简单易行、生态效度高。

在使用该方法时，首先要求被试处于放松状态，然后让其集中精力倾听实验程序中的指导语，让其想象能够引发特定情绪状态的情绪情境，这些情境既可以是过去生活中被试亲身经历过的，也可以是自己想象出来的，但是要求被试对其头脑中浮现的情境有一个清晰的景象，并尽可能地感受和体验这些景象。有时为了提高诱发情绪的效果，研究者还要求被试将其想象的情境或体验到的情绪写出来或尽可能详尽地说出来。

运用这种方法时，首先，需要被试高度配合；其次，指导语的设计显得非常重要，指导语要足够详细，能够更深入地诱发被试情绪。应反复进行预实验确保其诱发效果。

（3）虚拟现实。虚拟现实情绪诱发方法将传统的实验室情绪诱发法与虚拟现实技术相结合。该方法的基本过程是：首先使用虚拟现实技术创设一种虚拟的中性环境，然后这个环境随着被试情绪的不同而逐渐改变，研究者在整个过程中会通过指导语引导被试的行为。最重要的是要让被试确信自己身处一个“真实”的环境中。

该方法不但能够成功地诱发研究者所需要的目标情绪，而且可以实现不同目标情绪之间的快速转换。例如，通过改变诱发情境可以使被试通过情境诱发而感受到的愉快情绪转变为悲伤情绪。该方法中采用的虚拟情境与真实情境类似，且要求被试对该情境有一种身临其境的感觉，因此这种情绪诱发方法的生态效度好于其他情绪诱发方法。但是该方法也存在一些问题，如怎样使被试相信实验中采

① BREWER D, DOUGHTIE E B, LUBIN B. Induction of mood and mood shift[J]. Journal of Clinical Psychology, 1980, 36(1): 215-226.

用的虚拟情境是真实的，以及怎样提高该虚拟情境的真实度并进一步提升被试参与实验的配合性。

（4）博弈游戏。博弈通常被用于考察个体在两难情境下的决策行为。一些研究者发现，由于博弈游戏往往涉及自利、利他、公平、信任、背叛等行为，可以作为很好的情绪诱发手段。在采用博弈游戏诱发情绪的研究中，一般由研究者操纵博弈对象的行为，以诱发其所需要的目标情绪。有研究表明，当被试的实际所得大于其期望值时，在一般情况下可以成功诱发其积极情绪，反之亦然。例如，有研究者让被试作为受价者（Responder）参加最后通牒博弈（Ultimatum Game），而让实验助手假扮出价者（Proposer）提出一个很不公平的提议，无论是被试自我报告还是生理反馈，测量的结果都表明这一操作有效诱发了愤怒等消极情绪[①②]。有趣的是，这一研究还发现，只有当出价者是人类时，才会产生这种情绪诱发效应；如果出价是通过计算机生成的，那么即使出价极为不公也难以诱发情绪。

（5）互联网。互联网的情绪诱发法是通过被试在互联网上完成一系列传统的情绪诱发任务而实现的。从严格意义上讲，基于互联网的情绪诱发法并不是一种全新的情绪诱发方法，而只是传统的情绪诱发技术与信息技术的结合，但这一结合使情绪诱发有了新的特点和优势。首先，因为研究者和被试本身并不接触，所以很好地控制要求特征或实验效应；其次，在短时间内可以方便快速地对大量被试进行情绪诱发；最后，被试在实验中有较大的自由选择空间，因此提高了情绪诱发的生态效度，也充分考虑了道德因素。例如，在诱发消极情绪时，如果被试觉得刺激材料令人难以忍受，就可以跳过或放弃这个步骤。当然它也有局限性：第一，Göritz 发现此方法并不能有效地诱发积极情绪[③]；第二，因为被试的严重流失和大量的无效被试被排除，所以需要大量的被试，尤其是在持续时间长的情绪诱发过程中；第三，因为通过互联网呈现刺激和收集数据，所以需要良好的网络技术的支持。

（6）组合情绪诱发法。组合情绪诱发法是指研究者为了更有效地诱发目标情绪，将两种或两种以上的情绪诱发方法组合在一起来诱发被试情绪的方法。例如，

---

① WOUT M V, KAHN R S, SANFEY A G, et al. Affective state and decision-making in the Ultimatum Game[J]. Experimental brain research, 2006, 169(4): 564-568.

② WOUT M V, CHANG L J, SANFEY A G. The influence of emotion regulation on social interactive decision-making[J]. Emotion, 2010, 10(6): 815-821.

③ GÖRITZ A S. The induction of mood via the WWW[J]. Motivation and emotion, 2007(31): 35-47.

Mayer 等提出了一种比较有效的组合情绪诱发法①，他们用音乐来引导被试的想象，结果发现与只有想象而没有音乐相比，播放音乐后增加了情绪诱发的有效性。在组合情绪法中，后续的情绪诱发法不但能巩固前面所诱发的情绪，而且能更进一步地诱发情绪，因此其与单一情绪诱发法相比能更有效地诱发情绪，该方法受到越来越多研究者的青睐。但是在组合情绪诱发方法中，每种情绪诱发方法所诱发出的情绪是否具有同质性，是今后研究中应当思考的问题。

2. 情绪的测量

在对情绪的测量研究中常采用两种研究方法，一种是主观测量，另一种是客观测量。主观测量主要指自我报告法，客观测量主要指生理测量和行为测量。其中，生理测量包括对自主神经系统、内分泌系统及中枢神经系统的测量；行为测量主要是对面部表情、声音和身体动作进行测量。

1）主观测量方法

在情绪体验测量中，自我报告法最简便且应用较为普遍。该方法通过要求被试填写情绪评定量表和其他相关内容问卷，使被试表达自己的情绪体验，以获得被试近期内的主观情绪状态和变化。该方法的主要工具有 Likert 量表、普拉切克（Plutchik）编制五点量表和正性情绪和负性情绪量表。自我报告法测量情绪体验可分为单项测量、多项测量和实时测评 3 种形式②。单项测量要求被试对某项情绪的感受进行分级，通常采用 Likert 量表形式，要求被试对自己的情绪状态按等级进行评定，如伊扎德（Lzzard）的分化情绪量表（Differential Emotions Scale，DES）就属于等级评定量表。多项测量包括大量形容情绪状态的词汇，测量时要求被试选择符合当时感受的情绪词汇或对自己当时某种情绪的程度进行评定，其具体测量方法包括心境形容量表（ISO-Item Mood Adjective Check List）、多重情绪形容词量表（Multiple Affect Adjective Check List）、情感格子（Affect Grid）和正性情绪和负性情绪量表量等。

自我报告法有如下特点：第一，自我报告法测不出潜意识情绪或内隐情绪，有的情绪即使被试意识到了，也因语词概念的限制而不能用言语表达出来。第二，一些被试会抑制情绪体验，造成情绪具有片面性或情绪记忆不完整性；一些被试

① MAYER J D, ALLEN J P, BEAUREGARD K. Mood inductions for four specific moods: A procedure employing guided imagery vignettes with music[J]. Journal of mental Imagery 1995, 19(1&2): 133-150.

② 姜媛，林崇德．情绪测量的自我报告法述评[J]．首都师范大学学报（社会科学版），2010（6）：135-139.

（如小孩子）对语词信息的理解很贫乏；而另一些被试（如老人）不能长时间专注于一篇很长的自我报告问卷。在这样的样本中，对被试情绪状态的评估可能不太精确。由于上述诸多因素，自我报告量表的内容应该既简短又易理解。

2）客观测量方法

（1）生理测量的方法如下。

① 自主神经系统测量。在生理测量方面，个体情绪体验的评估主要集中于自主神经系统（Autonomic Nervous System，ANS）的变化。自主神经系统也称不随意神经系统或植物性神经系统，是外周传出神经系统的一部分，由起兴奋作用的交感神经和起抑制作用的副交感神经两个部分组成。近几年，在国内外的许多情绪理论研究中，自主神经系统被认为是个体情绪反应的重要组成部分。当涉及情绪时，无论是对情绪产生、情绪体验、情绪表达还是对认知情绪，自主神经系统的作用都至关重要。研究者在对自主神经系统的6种参数（皮肤电导、皮肤电位、皮肤抵抗力、皮肤血流量、皮肤温度和瞬时呼吸频率）的研究中，确定不同的自主神经模式来表征6种基本情绪（幸福、惊喜、愤怒、恐惧、悲伤和厌恶），验证了自主神经系统对个体基本情绪的反应模式是具体的。一些自主神经系统控制的生理指标如皮肤电反应或心血管反应，是生理测量情绪体验中常见的评估标准。

a．皮肤电反应。皮肤电反应（Electrodermal Activity，EDA）是大脑皮层的功能指标，是由环境事件与个人的心理状态之间的相互作用引起的人皮肤电性质的变化[①]。这种变化是由一个人的汗腺活跃程度引起的，心理状态的改变往往会使腺体活跃，从而改变皮肤的抵抗力。皮肤电反应可以根据皮肤表面电位差变化的形式或电阻变化形式进行电源记录，是目前情绪测量中较为可靠的生理指标。

b．心血管反应。心血管反应的测量指标包括心率、脉搏率、血压、心输出量、心率变化、血管容积，射血前期等。谢晶等在研究中发现，心率变化反映副交感神经活动，射血前期则主要反映交感神经活动，而血压反映的是交感神经和副交感神经的结合活动[②]。Jennifer 等在面部表情分析研究中发现，应对压力者的恐惧越多，心血管对压力的反应越强。相比之下，应对压力者的愤怒越多，心血管反

① SHIVAKUMAR G, VIJAYA P A. Analysis of human emotions using galvanic skin response and finger tip temperature[J]. International journal of synthetic emotions, 2011, 2(1):15-25.

② 谢晶，方平，姜媛．情绪测量方法的研究进展[J]．心理科学，2011，34（2）：488-493.

应越弱[①]。还有研究者发现，个体的情绪状态可以通过心率和脉搏率来反映，当个体情绪有大幅度波动时，其心脏活动也会做出相应变化，因此脉搏率是情绪测量中的一个较好的生理指标。

② 内分泌系统。机体内分泌系统的改变与自主神经系统的改变都是情绪外周反应的重要表现。研究表明，不同的情绪状态会引起不同内分泌腺体分泌激素的变化，这种变化在一定程度上可以作为判定某种情绪状态的客观指标。实验表明，焦虑不安的个体的血液中肾上腺素会增多，而愤怒的个体的血液中去甲腺素会增加。

亨利（Henry）研究发现，愤怒、恐惧和沮丧 3 种基本的消极情绪的特定脑结构和神经内分泌反应模式如下：当个体愤怒时，其去甲肾上腺素或肾上腺素会上升，睾酮水平也会显著提高，使他们感觉像在“战斗”；当个体恐惧时，其肾上腺素水平会提高，驱使他们“逃跑”。此外，当个体抑郁时，会出现皮质醇上升、内啡肽上升、睾酮下降及促肾上腺皮质激素上升等神经内分泌系统的一系列变化，并使个体因控制感丧失而出现服从的行为表现。当个体沮丧时，其促肾上腺皮质激素和皮质醇水平会迅速提高，使他们表现出类似“顺从”的行为，从而使他们很少想采取行动[②]。

③ 中枢神经系统。随着研究技术的不断发展与革新，研究者们逐渐开始使用脑电图（Electroencephalogram，EEG）和神经影像学方法来探讨情绪的生理测量。

a．脑电图。脑电图是在头部的特定部位放置 8～16 个电极，经脑电图机将脑细胞固有的生物电活动放大并连续描记在纸上的图形。EEG 的时间分辨率非常高，但是它的空间分辨率是有限的。因此，EEG 通常用于对脑中相当大的区域进行测量对比，如比较前后脑、左右半球的区别。EEG 测量最常用的指标是 Alpha 波（即 8～13Hz 频段），其在左前脑区域与右前脑区域的反应截然不同，即所谓的“额脑不对称现象”。早期研究将其与情绪效价相关联。Sutton 等在后期研究中发现，大脑额叶左右侧运动不能预测积极或消极的情绪效价，但是反映了情绪趋近或回避的动机[③]。事件相关电位（Event-Related Potential，ERP）对情绪体验的神经生理

---

① JENNIFER S. LERNER, RONALD E, et al. Facial expressions of emotion reveal neuroendocrine and cardiovascular stress responses[J]. Biological psychiatry, 2007, 61(2): 253-260.

② 周守珍，黄之荣．心理学[M]．武汉：华中师范大学出版社，2003.

③ SUTTON S K, DAVIDSON R J, DONZELLA B, et al. Manipulating affective state using extended picture presentations[J]. Psychophysiology, 2010, 34(2):217-226.

测量研究结果则与 EEG 的前期研究一致[①]。

b. 神经影像学。神经影像学技术包括功能性磁共振成像（Functional Magnetic Resonance Imaging，fMRI）、正电子发射计算机断层扫描（Positron Emission Computerized Tomography，PET）技术，由于其空间分辨率要高于 EEG，可以找到比 EEG 更为具体的大脑区域。因此，一般认为神经影像学技术比 EEG 更适合用于揭示情绪的脑功能特异性。fMRI 测量的是大脑各区域内静脉毛细血管中血液氧合状态所引起的磁共振信号的变化。PET 则通过注射放射性同位素来追踪大脑活动。这两项技术的假设都是信号越多，表明越多的血液流向大脑的特定区域，相应地反映了该区域的活动。

近年来，研究者利用神经影像学技术对产生恐惧、厌恶和悲伤等基本情绪的脑区域进行定位研究的颇多[②③]。研究发现，脑部杏仁体的激活与个体恐惧、厌恶、悲伤等消极情绪有明显关联。杜经纶等使用 fMRI 研究健康被试与抑郁症患者对动态面部表情的识别差异，发现通过动态悲伤表情可明确识别显著性激活杏仁体及边缘系统其他部位[④]。

（2）行为测量的方法如下。

① 面部表情的测量。面部表情是发自内心的表情，是情绪最鲜明的、客观的外在表现。目前，国内外常用的面部表情测量方法有观察者评价和肌电图（Electromyogram，EMG）。

a. 观察者评价。观察者评价是 Ekman 制定的一个可以测量愉快、愤怒、惊奇、厌恶、惧怕、悲伤 6 种情绪的“面部感情记录技术”，有研究者将其译为“面部行为原型”[⑤]和“面部运动组合概念”[⑥]。后来，Ekman 在对自己的面部进行测量后制定出一个能区分所有可以观察到的面部运动的测量图式——面部动作编码

① ROGNONI E, GALATI D, COSTA T, et al. Relationship between adult attachment patterns, emotional experience and EEG frontal asymmetry[J]. Personality & individual differences, 2008, 44(4):909-920.

② MURPHY F.C. NIMMO-SMITH I, LAWRENCE A D. Functional neuroanatomy of emotions: A meta-analysis[J]. Cognitive affective & behavioral neuroscience 2003, 3 (3): 207-233.

③ PHAN K L, WAGER T D, TAYLOR S F, et al. Functional neuroanatomy of emotion: A meta-analysis of emotion activation studies in PET and fMRI[J]. NeuoroImage, 2002, 16(2): 331-348.

④ 杜经纶，姚志剑，谢世平，等．动态表情情绪识别相关脑区的 fMRI 研究[J]．中国心理卫生杂志，2007，21（8）：5.

⑤ 谢晶，方平，姜媛．情绪测量方法的研究进展[J]．心理科学，2011，34（2）：488-493.

⑥ 胡银莹．自我觉知影响情绪体验的 ERP 研究[D]．上海：上海师范大学，2015.

系统（Facial Action Coding System，FACS）①。FACS 是在解剖学及总结过去面部表情评定工作的基础上，制定出的尽可能精细地区分面部运动的综合系统。观察者评价根据面部运动的综合测评系统评分来评定个体的情绪体验②。

b. 肌电图。面部肌电图测量就是在脸部安置电极来测量面部肌肉电位，通过面部肌肉电位图形所显示的面部各独立部位和肌肉活动所产生的面孔的变化来分析个体情绪状态。皱眉肌和颧肌两个肌群是肌电图测量时最常用的潜在指标。研究表明，个体的情绪体验可以通过面部活动的变化来得到准确的表达③。例如，微笑时表现出来的嘴角上扬与积极情绪体验有关，而难过或气愤时表现出来的眉头紧蹙与个体的消极情绪体验有关。

② 言语表情。言语表情主要是指情绪在言语节奏、音调、速度等方面的表现。目前，对言语表情的研究最常用的测量指标是语音幅度（即响度）和音高。相关研究得到的比较一致的结论是高觉察度和高音调相关。此外，Bachorowski 和 Owren 提出音调可以用来评估个体正在经历的情绪觉察度④。还有研究表明，声音特征对效价的敏感性很低。例如，愤怒和喜悦的情绪觉察过程是相似的，但在效价上是不同的，而两种情绪的音调和音幅是相似的。Banse 和 Scherer 检验了 14 种诱导情绪和 29 种声音变量之间的关系，结果发现应用 10 种声学特征的组合与将其中某种声学特征单独用于测量效价相比，可以更好地区分基本情绪⑤。

③ 姿态表情。身体各部分的表情动作称为姿态表情，如个体在欢乐时表现出的手舞足蹈、在恐惧时表现出的手足无措等。手部动作在表达情绪时具有重要的作用，如一些有技巧的演员通常会依靠手势来加强表演效果。学者们在研究中探讨了双手表情的有效性。结果表明，几组被试辨认手部所传达的情绪信息的成绩与其辨认面部表情的成绩相当。但是目前尚没有标准化的姿态表情测量工具，作者在未来的研究中希望建立这方面的标准化研究工具。目前关于情绪躯体表达的研究相对较少，但已发现某些情绪状态确实有明显的躯体行为特征。研究发现，

---

① EKMAN P. Handbook of cognition and emotion[M]. New York: Wiley, 1999.

② 孟昭兰. 为什么面部表情可以作为情绪研究的客观指标[J]. 心理学报，1987（2）：124-134.

③ RUSSELL J A, BARRETT L F. Core affect prototypical emotional episodes and other things called emotion: Dissecting the elephant[J]. Journal of personality and social psychology, 1999, 76(5): 805-819.

④ BACHOROWSKI J A, OWREN M J. Vocal expression of emotion: Acoustic properties of speech are associated with emotional intensity and context[J]. Psychological science, 2010, 6(4): 219-224.

⑤ BANSE R, SCHERER K R. Acoustic profiles in vocal emotion expression[J]. Journal of personality and social psychology, 1996, 70(3): 614-636.

自豪和尴尬的情绪分别与舒张的和紧缩的躯体行为相关联，但它们与面部行为没有联系。

总结已有研究发现，音乐情绪诱发法是较好的情绪诱发方法，而电影剪辑情绪诱发法是最有效的情绪诱发方法，情绪自评量表是比较有效的测量情绪的方法。本书主要采用音乐与视频剪辑相结合的方式，编辑制作诱发情绪的实验材料，采用 Watson 等编制的正性情绪和负性情绪量表来测量、评定被试的情绪状态。

2.4.3 情绪与风险决策框架效应研究

1. 情绪影响风险决策的理论模型

虽然情绪被理性决策者忽视了，但其他研究者已经认识到它是决策过程中的重要因素[①②]。虽然理性决策者不愿意在决策理论中考虑情绪，但它已经成为决策研究的主流。

决策研究相关文献表明，人们在做决策时将情绪作为信息来源进行决策[③]，即情绪线索帮助人们做出“正确”的选择[④]，如果没有情绪指导，我们就无法做出好的选择[⑤]。情绪在决策过程中起了什么作用？其内在的作用机制是什么？这些问题都是心理学家所关注的。早期的决策理论研究者认为，人们的判断和评估依赖心理上的满足或愉悦，并提出了效应理论[⑥]。Bentham 和 Mill 在效应理论基础上提出，效应是愉悦和痛苦之间的差值。这说明此时的研究者已经开始关注情绪在决策过程中的作用[⑦]。20 世纪 50 年代，理论界提出了“预期效用理论”[⑧]和“主观

① 张国锋，毛北行，杜虎兵．风险决策的情绪数理模型[J]．工业工程，2021，24（5）：77-88.

② 陆翠薇，夏璐，李德阳，等．偶然情绪的效价和强度对风险决策的交互影响[J]．中国健康心理学杂志，2021（11）：1746-1752.

③ FINUCANE M L. Emotion, affect, and risk communication with older adults: challenges and opportunities[J]. Journal of risk research, 2008, 11(7-8): 983-997.

④ KUNREUTHER H, MEYER R, ZECKHAUSER R, et al. Choice modeling || High stakes decision making: Normative, descriptive and prescriptive considerations[J]. Marketing Letters, 2002, 13(3): 259-268.

⑤ BECHARA A. Deciding Advantageously before knowing the advantageous strategy[J]. Science, 1997, 275(5304): 1293-1295.

⑥ BERNOULLI D. Exposition of a new theory on the measurement of risk[J]. Econometrica, 1954(22): 23-36.

⑦ BENTHAM J, MILL J S. The utilitarians: An introduction to the principles of morals and legislation: utilitarianism and on liberty[J]. General information, 1961, 43(1): 182-199.

⑧ NEUMANN J V, MORGENSTERN O. Theory of games and economic behavior, 2nd rev. ed.[J]. 1947, 35(2): 244-267.

预期效用理论”[1]，这里的“效用”是可测量的客观指标而不是心理状态，这使人们的决策缺少了感情色彩，因此这些理论在具有客观性的同时缺少对很多现实现象的解释力。

Kahneman和Tversky提出的前景理论及后续出现的等级和信号依赖理论中开始提到情绪概念，如“希望”“恐惧”“乐观”等，但仍然没有将情绪作为影响决策的变量。Loomes 和 Sugden 提出了后悔理论和失望理论，将预期情绪因素纳入决策研究中，但对所假定的预期情绪均缺少直接的验证[2]。Mellers 等提出了主观预期愉悦理论，他们正式将情绪引入决策过程中，将情绪作为一种效用，认为决策者在决策过程中追求愉悦情绪的最大化[3]。主观预期愉悦理论用“预期情绪”代替“效用”，并将多个参照点引入决策过程，增强了理论本身的预测功能和解释力，向描述真实决策情形迈进了一大步[4]。

由此可见，研究者们在预期效用理论的基础上发展出后悔理论、失望理论及主观预期愉悦理论，这些理论均符合“效用类模型”的要求，被统称为效用类模型（EU 类情绪模型）的变式（图 2-4）。这些理论均从结果和认知的理论视角阐释了情绪、认知与决策三者之间的关系，其中情绪是通过认知评估这一中介来发挥作用的。

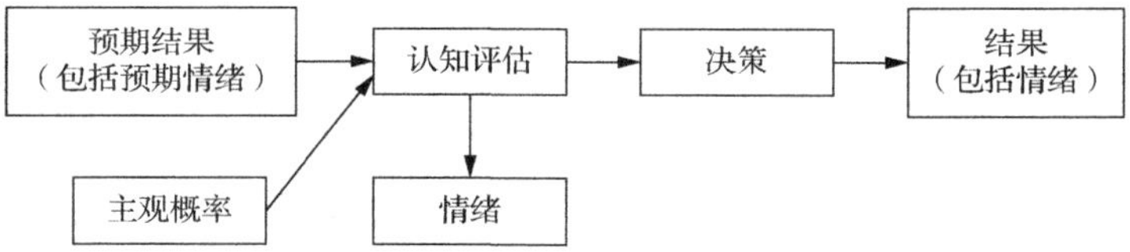

图 2-4　EU 类情绪模型

EU 类情绪模型虽然考虑了情绪在决策中的作用，并且给予这类情绪以充分的重视，但是该模型仅涉及了与决策结果紧密相连或作为决策结果的情绪。近年来，随着对情绪与认知关系研究的深入，研究者对情绪影响决策过程的认识也逐渐变得全面与深刻。Loewenstein 等提出了“风险即情绪”假设（图 2-5）并将其用于

---

① MAHALANOBIS P C . The foundations of statistics[J]. Dialectica, 1954, 8(2):95-111.

② LOOMES G, SUGDEN R. Disappointment and dynamic consistency in choice under uncertainty[J]. Review of economic studies, 1986, 53(2): 271-282.

③ MELLERS B A, SCHWARTZ A, HO K, et al. Decision affect theory: Emotional reactions to the outcomes of risky options[J]. Psychological science, 1997, 8(6): 423-429.

④ 庄锦英．情绪与决策的关系[J]．心理科学进展，2003，11（4）：423-431.

解释各种决策现象[①]。这一理论观点强调了情绪在决策过程中的作用，当人们面临风险决策时，情绪反应是认知评估的主要因素。Loewenstein 等认识到，情绪和认知评估通常是通过协同工作来指导决策的。决策者在决策过程中不仅存在受认知评估影响的预期情绪，还存在不受认知评估影响的即时情绪。即时情绪就是决策者立刻的内脏反应，这些情绪可以直接影响决策行为、认知评估；预期情绪反应有时会偏离对风险的认知分析，成为行为的主要影响因素，这导致了风险（即情绪假设）的出现。这一假设的目的是解释传统决策模型无法解释的风险决策相关现象。该理论“假定对风险情况（包括决策）的反应部分源自情绪的影响，包括担忧、害怕、恐惧或焦虑等感受”。图 2-5 中的内容说明了情绪如何绕过认知评估，成为行为和后续结果的主要影响因素。

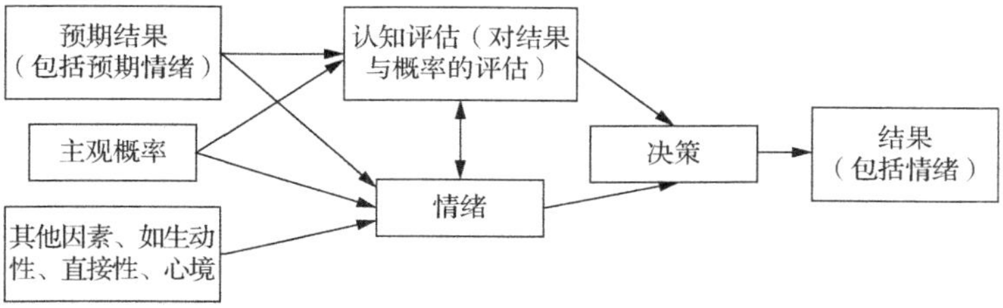

图 2-5　Loewenstein 等提出的“风险即情绪模型”

关于情绪对决策的直接影响，最令人信服的论点可能来自神经学家 Damasio。他在开创性的著作《笛卡尔的错误》中质疑了传统的信念，即情绪与理性没有什么联系。Bechara 等通过一项纸牌游戏，以前额叶脑损伤患者和正常的非患者为研究对象开展实验，在实验中要求被试在短时间内对游戏要求做出选择；非患者为获得最佳的博弈收益，会在他们意识到哪种策略最有效之前做出有利的选择。非患者的出汗或皮肤电反应表明，非患者认为自己在做有风险的选择。这种反应是值得注意的，因为汗腺是由自主神经系统控制的，这个系统和情绪唤起之间存在着一种关系。与非患者不同，前额叶脑损伤患者缺乏皮肤电反应，尽管患者知道有更好的选择策略，但他们仍会反复做出不利的选择，造成高额的博弈损失。这些研究结果表明，在意识或认知参与之前，情绪就在指导决策选择[②]。

① LOEWENSTEIN G F, WEBER E U, HSEE C K, et al. Risk as feelings[J]. Psychological bulletin, 2001, 127(2): 267-288.

② BECHARA A, DAMASIO H, DAMASIO A R. Emotion, decision making and the orbitofrontal cortex[J]. Cerebral cortex, 2000, 10(3): 295-307.

2. 情绪与风险决策框架效应关系的研究范式

回顾已有研究，关于情绪与决策关系研究大致形成了两种基本研究范式，即情绪性质范式和具体情绪范式。

1）情绪性质范式及相关研究

从情绪性质的角度对情绪进行划分，可以将情绪分为积极情绪和消极情绪。回顾已有研究，很多研究者从积极情绪和消极情绪的角度对情绪与决策的关系进行了研究。李爱梅和孙玥研究发现，当被要求在保险中进行选择时，处于积极情绪下的决策者会回避较大的风险，更倾向保守安全的选择①。Isen 的研究表明，积极情绪可以产生更高水平的风险规避，增加决策者对启发式处理模式的依赖，并提高决策过程的效率②。后续研究者得出了相反的结论，认为积极情绪会增加决策者的冒险倾向③。研究者认为，根据情感注入模型（the Affect Infusion Model，AIM），积极情绪的决策者会采用启发式处理模式做出判断④。由于情绪启动效应，处于积极情绪的决策者比处于中性情绪的决策者更容易获得风险情境中的积极想法⑤。由于信息和评估方式存在偏差，人们会认为风险选择的结果更有利、更有可能实现，因此更愿意选择冒险。情绪消极的决策者会更保守，更不愿意冒险。因为处于消极情绪中的人更可能将世界视为一个具有威胁性的地方，从而更谨慎地处理信息以避免潜在的损失⑥。随着情绪启发式和分析式认知加工的使用，人们会对风险选择产生更多的负面评价，并且更可能对这种情况做出保守的选择。Yuen 和 Lee 也做了关于不同情绪状态对风险决策的影响的研究，发现被诱发出积极情绪的被试

① 李爱梅，孙玥．积极情绪对决策行为的影响及其心理机制[J]．统计与决策，2010（21）：67-70.

② ISEN A M. Positive affect and decision making[M]. New York: Guilford Press, 1993.

③ NYGREN T E, ISEN A M, TAYLOR P J, et al. The influence of positive affect on the decision rule in risk situations: Focus on outcome (and especially avoidance of loss) rather than probability[J]. Organizational behavior & human decision processes, 1996, 66(1): 59-72.

④ FORGAS, JOSEPH P. Mood and judgment: The affect infusion model (AIM)[J]. Psychological bulletin, 1995, 117(1): 39-66.

⑤ 杨明圆，陈燕萍，皇甫桦彦．积极情绪对最后通牒议价博弈决策的影响[J]．成都医学院学报，2018，13（3）：350-352.

⑥ 杨莹，刘犇，徐晨，等．积极情绪对风险情景中机会-威胁认知的影响[C]//中国心理学会．第十五届全国心理学学术会议论文摘要集．广州：中国心理学会，2013.

更倾向于风险寻求，而因观看消极电影片段而被诱发出消极情绪的被试，则没有表现出明显的风险偏好[①]。国内研究者庄锦英的研究也表明，积极情绪下个体更多地采用自动加工策略，更倾向风险寻求；消极情绪下个体更多地采用控制加工策略，更倾向风险规避[②]。

关于积极情绪和消极情绪与框架效应关系的研究是研究者们关注的重点。Chang 基于消费者购买问题的研究发现，情绪影响框架效应，积极情绪会增强框架效应，而消极情绪则会弱化框架效应[③]。Cassotti 等在研究中发现，积极情绪弱化了框架效应[④]。Ma 等基于生命问题背景的研究发现，消极情绪可以增强积极框架下的风险偏好，而在消极框架下，未发现这一趋势[⑤]。国内研究者毕玉芳的研究结果表明，框架与情绪对风险决策的影响存在交互作用；在自我风险决策中，积极情绪增强了框架效应，消极情绪削弱了框架效应；在他人风险决策中，积极情绪和消极情绪均增强了框架效应[⑥]。张铮研究发现，情绪与框架效应之间存在交互作用，情绪可以调节框架效应，在积极情绪下被试在消极框架下的风险偏好被削弱[⑦]。徐富明等基于生命问题背景的眼动研究发现，积极情绪增强了被试在积极框架下的风险偏好，消极情绪增强了被试在消极框架下的风险偏好，两者均表现为注视时间和注视次数的增加[⑧]。周琴和李兰研究发现，虽然情绪和框架对风险决策影响的主效应显著，但是框架和情绪对风险决策的影响并未产生交互作用[⑨⑩]。

---

① YUEN K, LEE T. Could mood state affect risk-taking decisions?[J]. Journal of affective disorders, 2003, 75(1): 11-18.

② 庄锦英．情绪与决策的关系[J]．心理科学进展，2003，11（4）：423-431．

③ CHANG J C. Tourists' satisfaction judgments: An investigation of emotion, equity, and attribution[J]. Journal of hospitality & tourism research, 2008, 32(1): 108-134.

④ CASSOTTI M, HABIB M, POIREL N, et al. Positive emotional context eliminates the framing effect in decision-making[J]. Emotion, 2012, 12(5): 9-26.

⑤ MA Q, PEI G, KAI W. Influence of negative emotion on the framing effect: Evidence from event-related potentials[J]. Neuroreport, 2015, 26(6): 325-332.

⑥ 毕玉芳．情绪对自我和他人风险决策影响的实验研究[D]．上海：华东师范大学，2006．

⑦ 张铮．风险决策中情绪背景对框架效应的影响研究[D]．沈阳：中国医科大学，2013．

⑧ 徐富明，史燕伟，王伟，等．情绪影响框架效应的眼动研究初探[J]．应用心理学，2015，21（2）：149-156．

⑨ 周琴．情绪和框架对风险决策的影响[D]．苏州：苏州大学，2009．

⑩ 李兰．情绪启动对不同框架风险决策的影响[D]．长沙：湖南师范大学，2010．

2）具体情绪范式及相关研究

随着基于情绪性质范式的研究不断增多及关于情绪与决策和框架效应之间关系研究的不断深入，研究者发现具有相同性质的不同情绪对风险决策的影响结论是相反的，如都属于消极情绪的恐惧和愤怒，一个增强了框架效应，一个削弱了框架效应。因此，研究者意识到仅仅从积极和消极维度来讨论情绪与框架效应和风险决策之间的关系是笼统粗糙、有局限性的。因此，采用具体情绪范式来研究情绪对风险决策框架效应的影响成为一种新趋势。

Raghunathan 和 Pham 以博弈和择业为决策任务开展实验研究，结果表明处于中性情绪和悲伤情绪状态的被试更倾向选择高风险与高回报选项，而处于焦虑情绪状态的被试更倾向选择低风险与低回报的选项①。随后 Lerner 和 Keltner 提出了评价倾向框架（The Appraisal Tendency Framework，ATF），该理论成为区分特定情绪对判断和决策影响的基础②③。该理论以情绪的认知评价理论和功能理论为基础，认为每种特定的具体情绪都是由许多认知评价维度（Appraisal Dimension）构成的，但是每种具体情绪中占主导地位的认知评价维度是不同的，由此形成不同的评价，也就是每种具体情绪都会形成特定的核心评价主题（Appraisal Theme），如悲伤是对确定损失的反应，焦虑是对不确定的危险的反应。由于情绪具有动机功能，这些评价主题也具有动机的属性，即形成特定的评价倾向（Appraisal Tendency）。评价倾向会对决策者的信息加工内容和信息加工深度产生延迟影响，从而对决策者的判断和决策产生不同的影响。根据 ATF 理论，特定情绪在评估模式的功能方面会不同程度地影响判断和冒险倾向。例如，恐惧和愤怒是两种负效价的基本情绪，但恐惧与不确定性及在新情况下感知情境控制的倾向有关，而愤

① RAGHUNATHAN R, PHAM M T. All negative moods are not equal: Motivational influences of anxiety and sadness on decision making[J]. Organizational behavior and human decision processes, 1999, 79(1): 56-77.

② LERNER J S, KELTNER D. Beyond valence: Toward a model of emotion-specific influences on judgement and choice[J]. Cognition & emotion, 2000, 14(4): 473-493.

③ LERNER J S, KELTNER D. Fear, anger, and risk[J]. Journal of personality & social psychology, 2001, 81(1): 146-166.

怒与确定性及个人控制有关[①]。因此，恐惧的人在新情况下会感知到更高的风险，这种认知将促使他们更多地规避风险。愤怒的人在新情况下会感知到更低的风险，这种认知将促使他们更多地寻求风险[⑥]。以往的研究并没有考虑这两种消极情绪对框架敏感性的不同和相反影响。Cassotti 等及 Cheung 和 Mikels 提出，需要进一步研究确定特定负面情绪对框架效应的影响[②③]。因此，如果要充分理解情绪对决策的影响，就必须超越单纯的效价，研究特定情绪的影响。研究特定情绪的具体影响将为更好地理解在框架效应中情绪如何影响风险寻求行为提供关键信息。Lerner 和 Keltner 通过调查问卷评估了恐惧和愤怒、状态情感和风险感知，证明了处于恐惧和愤怒情绪中的个体倾向对他们所处环境的风险水平进行不同的评估；恐惧预示着更高的风险评估，处于恐惧情绪中的个体在亚洲疾病问题中表现出对确定选项的偏好[⑤]。相反，处于愤怒情绪中的个体感知到较低的风险，并倾向选择有风险的选项[⑥]。

Yuen 和 Lee 的研究结果表明，在不同的情绪状态下，个体的冒险倾向是不同的：与处于中性情绪中的人相比，处于诱导抑郁情绪中的人在冒险方面明显更保守，而处于诱导愉悦情绪中的人与处于中性情绪中的人在这方面没有显著差异[④]。国内研究者史燕伟等基于亚洲疾病问题研究发现，恐惧和悲伤情绪增强了框架效应，愤怒情绪削弱了框架效应[⑤]。徐明富等在同样的背景下通过眼动技术发现，在悲伤情绪下，被试对损失框架的认知加工程度得到增强；在快乐情绪下，被试对收益框架的认知加工程度得到增强[⑥]。吴静杰等在突发事件情境下研究发现，处于焦虑情绪中的决策者偏好风险规避，处于悲伤情绪中的决策者偏好风险寻求；悲

---

① LERNER J S, KELTNER D. Beyond valence: Toward a model of emotion-specific influences on judgement and choice[J]. Cognition & Emotion, 2000, 14(4): 473-493.

② CASSOTTI M, HABIB M, POIREL N, et al. Positive emotional context eliminates the framing effect in decision-making[J]. Emotion, 2012, 12(5): 9-26.

③ CHEUNG E, MIKELS J A. I'm feeling lucky: The relationship between affect and risk-seeking in the framing effect[J]. Emotion, 2011, 11(4): 852-859.

④ YUEN K, LEE T. Could mood state affect risk-taking decisions[J]. Journal of affective disorders, 2003, 75(1): 11-18.

⑤ 史燕伟，徐富明，李燕，等．具体负性情绪对框架效应的影响[J]．心理研究，2015，8（2）：18-25.

⑥ 徐富明，史燕伟，王伟，等．情绪影响框架效应的眼动研究初探[J]．应用心理学，2015，21（2）：149-156.

伤情绪增强了框架效应，焦虑情绪对框架效应无显著影响[①]。

根据已有研究成果可知，在不同的研究对象、不同研究问题背景中，具体情绪对风险决策框架效应的影响呈现不同的特点。对于篮球运动员这个特殊群体来说，在紧张的比赛过程中，时间压力及场上比分的变化等因素会使篮球运动员受到不同情绪的影响，比分落后时篮球运动员可能对输掉比赛产生恐惧，比分领先时他们可能对将要赢得比赛产生愉悦。无论是愉悦的积极情绪还是恐惧的消极情绪，都会增强运动员的情绪感受，进而影响他们是否能够做出理性决策。根据已有研究发现，普通人群的恐惧和愉悦情绪会增强框架效应，使得个体做出非理性决策。对于篮球运动员这个特殊群体来说，在比赛中面临竞赛情境下的决策任务，恐惧和愉悦等不同情绪对其风险决策框架效应会产生怎样的影响，会呈现怎样的特点，值得我们进行研究和探讨。

2.5　认知负荷与风险决策框架效应

2.5.1　认知负荷的含义

关于认知负荷的概念是在一系列理论基础上逐渐发展起来的。Miller 在 20 世纪中期提出，认知负荷是指个体有限的工作记忆仅能处理一部分信息[②]。Sweller 于 1988 年提出，认知负荷是指人在信息加工过程中所用的心理认知资源的总量，个体在执行特定任务时会对认知系统施加负荷，因此认知负荷也被认为是个体在被给信息时所需要的“心智能量”的水平[③]。Cooper 则认为，认知负荷是指同时被要求施加在工作记忆上的心智活动的全部数量[④]。Paas 等则认为，认知负荷是由多维度构成的，是执行一项具体任务时施加于个体认知系统的负荷[⑤]。Quiroga

① 吴静杰，杨乃定，封超，等．突发事件下情绪对决策者风险偏好和框架效应的影响[J]．管理学报，2016，13（6）：906-912．

② MILLER G A. The magical number seven, plus or minus two: Some limits on our capacity to process information[J]. Psychological review, 1956, 63(2): 81-97.

③ SWELLER J. Cognitive load during problem solving: Effects on learning[J]. Cognitive science, 1988, 31(2): 424-447.

④ COOPER G. Research into cognitive load theory and instructional design[J]. Retrieved august, 1998, 10(2): 1-33.

⑤ PAAS F G, MERRIENBOER J J V, ADAM J J. Measurement of cognitive load in instructional research[J]. Perceptual & motor skills, 1994, 79(1): 419-430.

等认为，认知负荷通常被界定为用来促进学习活动的认知资源的投入程度[①]。

国内研究者辛自强和林崇德认为，认知负荷可被视为加工特定数量信息所需要的“心理能量”的水平，随着要加工的信息数量的增加，认知负荷也相应增加[②]。曹宝龙等认为，认知负荷是指一个事件中智力活动强加在工作记忆上的总量[③]。赖日生等认为认知负荷是指在某种场合下施加到工作记忆中的智力活动的总量[④]。赵俊峰认为，认知负荷存在理论和实践两个层面，具体如下：理论层面，主要着眼于实验室研究，是指学生在学习过程中完成所给认知任务而需要的心理资源数量；实践层面，主要着眼于实际应用研究，与教育实践紧密结合，是指在单位时间内学生知觉到的认知加工任务的分量[⑤]。苏月东认为，学生学习过程中的认知负荷是指学生对学习任务、责任及时间压力的知觉和体验[⑥]。对该概念的认识上的不统一源于认知负荷的多维性、复杂性、内隐性等特点。

由认知负荷的含义可知，认知负荷具有以下特点：①认知负荷是与完成某项特定任务相联系的；②需要通过记忆完成操作该任务；③该操作要顺利进行，必须有相应心智能量的支持。根据这些特点，我们倾向将认知负荷定义为完成某项任务而在工作记忆上所进行的心智活动所需的全部心智能量[⑦]。

2.5.2 认知负荷理论

Tversky 和 Kahneman 在前景理论中提出，个体在决策过程中出现偏差是受到人的认知资源有限的影响[⑧]。研究者发现，当个体遇到较复杂的决策任务时，很容易出现非理性决策的现象。研究者认为，复杂的决策任务使得决策者利用大部分认知资源进行认知加工，无暇顾及决策任务以外的其他信息（如语言的表述方式），

---

① QUIROGA L M, CROSBY M E, IDING M K. Reducing cognitive load[C]//IEEE. Hawaii international conferehce on system sciences. New York: IEEE, 2004.

② 辛自强，林崇德．认知负荷与认知技能和图式获得的关系及其教学意义[J]．华东师范大学学报（教育科学版），2002（4）：55-60，77.

③ 曹宝龙，刘慧娟，林崇德．认知负荷对小学生工作记忆资源分配策略的影响[J]．心理发展与教育，2005（1）：36-42.

④ 赖日生，曾晓青，陈美荣．从认知负荷理论看教学设计[J]．江西教育学院学报（社会科学），2005（1）：52-55.

⑤ 赵俊峰．解密学业负担：学习过程中的认知负荷研究[M]．北京：科学出版社，2011.

⑥ 苏月东．元认知负荷对不同工作记忆广度的初中生类比迁移的影响[D]．开封：河南大学，2010.

⑦ 杨心德，王小康．认知心理学视野中的认知负荷理论[J]．宁波大学学报（教育科学版），2007（3）：11-15.

⑧ TVERSKY A, KAHNEMAN D. The framing of decisions and the psychology of choice[J]. Science, 1981, 211(4481): 453-458.

进而导致决策者做出非理性决策。随着认知相关理论研究的不断深入，Sweller 等提出认知负荷理论，该理论认为个体的工作记忆容量是有限的，这使得人们很难同时加工多种来源的信息；当个体在处理接收到的外界的信息刺激时，保存在工作记忆系统中的信息及其他需要的信息之间的相互作用，都要占用该系统的空间，因此个体可以同时加工的信息是有限的①。

由认知负荷理论的观点可知，人们需要加工的信息刺激越复杂，消耗的认知资源和能量就越多，如果同时呈现多种不同刺激，则个体的认知资源和能量很可能被迅速耗尽。向认知资源被耗尽的个体呈现新的刺激，这些新的刺激很难被注意到或被认知加工。但研究者发现，现实中实际情况并不总是如此。黎建斌指出，个体在进行信息认知加工过程中并不是机械死板的，人们根据实际需要对认知资源进行灵活分配，会把认知资源分配到重要的刺激上②。Kahneman 等在研究中发现，在认知系统进行信息加工的过程中，有专门的一个阶段，人们会有意识地加以控制，将认知资源分配到对新异刺激的认知加工上③。还有研究者提出，在人们的工作记忆系统中存储着一个"加工权限"的信息，该"加工权限"的主要作用是加强对信息加工的认知控制，提高与任务高相关的刺激的加工权限，抑制对与任务无关的分心刺激的加工④。研究发现，过高的工作记忆负荷会减少用于存储"加工权限"信息的认知资源，从而使得对分心刺激的加工得不到有效的抑制⑤。

2.5.3 认知负荷的测量

当前评估认知负荷的测量技术有实时和非实时两种方式。实时测量方式包括生理学方法，如眼球跟踪、瞳孔测量、心率测量等；非实时测量方式包括先验和事后测量方法，如绩效评分⑥和自评方法⑦。需要注意的是，某些度量（如双重任

① SWELLER J, JEROEN J G, VAN M, et al. Cognitive architecture and instructional design[J]. Educational psychology review, 1998, 39(5): 264-287.

② 黎建斌．自我控制资源与认知资源相互影响的机制：整合模型[J]．心理科学进展，2013，21（2）：235-242.

③ KAHNEMAN D, BEN-ISHAI R, LOTAN M. Relation of a test of attention to road accidents[J]. Journal of applied psychology, 1973, 58(1): 113-115.

④ 陈洪震．相似性分离：选择性注意中干扰和抑制关系研究[J]．河北师范大学学报（教育科学版），2006，8（1）：77-81.

⑤ 田夏．工作记忆中存储的信息在高知觉负荷条件下引导注意选择[D]．重庆：西南大学，2012.

⑥ 孙崇勇．认知负荷的测量及其在多媒体学习中的应用[J]．高等教育研究，2015，36（12）：86.

⑦ 龚德英，刘电芝，张大均．概述和音乐对认知负荷和多媒体学习的影响[J]．心理发展与教育，2008，24（1）：83-87.

务和绩效）同时具有实时和非实时两种度量结果。例如，绩效指标测量的反应时结果被归类为实时指标，而准确度得分被归类为非实时指标①。下面介绍最常见的几种认知负荷测量方法。

1．实时测量方法

（1）瞳孔测量和眼球跟踪法。瞳孔测量和眼球跟踪法旨在通过测量瞳孔直径对任务的生理反应来测量认知负荷。理论上，随着认知负荷的增加，瞳孔的直径和大小会发生变化。研究表明，在处理给定任务时，任务的复杂性会使被试眼睛产生可测量的变化，如眼睛注视的位置、注视点个数和注视时长、眼跳长度和眼跳速度的变化②。王洪彪等的研究表明，眼睛注视和注视时间的增加与较高的认知负荷有关③。使用瞳孔测量和眼球跟踪法的一个潜在好处是能够在不严重影响任务本身的情况下评估认知负荷④，但是必须将亮度变化等环境因素视为瞳孔扩张的潜在混杂因素⑤⑥。因此，评估必须在受控的实验环境中进行。

（2）心率测量。人在高认知负荷条件下，心率会上升，以供应身体高水平的含氧血液。因此，可以通过心电图测量心脏产生的电活动，并提供心脏自主神经系统和应激状态的指标来反映认知负荷。同时，心率变化、跳间间隔和血压等指标已被证明对认知负荷的增加敏感。

神经成像测量用于评估大脑内的神经活动。具体的测量方法有两种：EEG 和功能性近红外光谱（Functional Near-Infrared Spectroscopy，fNIRS）。Antonenko 等认为，脑电图等神经成像测量是对认知负荷的真正在线评估，因为神经成像能够在整个学习任务中持续评估认知负荷，而其他测量方法如双任务、绩效或自我评

---

① COOK A E. Measurement of cognitive load during multimedia learning activities[J]. IGI Global, 2009, 31(6): 256-279.

② ROSCH J L, VOGEL-WALCUTT J J. A review of eye-tracking applications as tools for training[J]. Cognition technology & work, 2013, 15(3): 313-327.

③ 王洪彪，周成林，王丽岩．信息量与认知负荷对羽毛球运动员视觉搜索特征的影响[J]．中国体育科技，2011，47（1）：88-96.

④ ANTONENKO P, PAAS F, GOG G T V. Using electroencephalography to measure cognitive load[J]. Educational psychology review, 2010, 22(4): 425-438.

⑤ TICHON J G, MAVIN T, WALLIS G, et al. Using pupillometry and electromyography to track positive and negative affect during flight simulation[J]. Aviation psychology & applied human factors, 2014,4(1): 23-55.

⑥ PORTER G, TROSCIANKO T, GILCHRIST I D. Effort during visual search and counting: insights from pupillometry[J]. Quarterly journal of experimental psychology, 2007, 60(2): 211-229.

估是在整个任务期间或任务完成后定期评估认知负荷。连续的神经影像测量可以在认知超负荷发生的特定时刻识别认知超负荷[①]。这种详细的分析有助于纠正超载现象。fNIRS 测量方法通过在被试前额上安装一组传感器来获得大脑活动时氧合血红蛋白和脱氧血红蛋白的变化情况，与 EEG 类似，可连续测量认知负荷。

2. 非实时测量方法

（1）分析法。分析法是一种先验分析，通过参考给定问题的水平来估计认知负荷。它基于这样一个假设：认知负荷与工作记忆中陈述的数量相关。Sweller 指出，人类的短期记忆受到严重限制，并且任何需要在短期记忆中储存大量项目的问题都可能导致过度的认知负荷[②]。因此，他认为在任务中为个体设置的项目的数量可以作为测量工作记忆中认知负荷是否有效的一种手段。

（2）自我评估。自我评估要求被试自我评估任务难度或评估在给定任务中花费的脑力。为了实施自我评估，被试需要在规定的自评量表主观的认知负荷评分量表中对其经验认知负荷进行评分[③]。该自评量表是目前研究中使用最广泛的量表类型。

3. 实时和非实时测量相结合的方法

（1）绩效指标测量。绩效指标测量被广泛用于评估学习中的认知负荷。这种测量方法侧重于测量错误率、学习时间和成就分数，以测量学习中的认知负荷[④]。绩效指标测量基于这样一个假设：高绩效分数和较少的任务绩效时间为理解工作记忆中的认知负荷提供了可靠的测量方法[⑤]。

（2）双任务测量。双任务测量通过同时使用两个学习任务（包括一个主要任务和一个次要任务）来评估被试的认知负荷。Schoor 等指出了双任务测量的好处，

---

① ANTONENKO P, PAAS F, GOG G T V. Using electroencephalography to measure cognitive Load[J]. Educational psychology review, 2010, 22(4): 425-438.

② SWELLER J. Cognitive load during problem solving: Effects on learning[J]. Cognitive science, 1988, 31(2): 424-447.

③ PAAS, FRED G. Training strategies for attaining transfer of problem-solving skill in statistics: A cognitive-load approach[J]. Journal of educational psychology, 1992, 84(4): 429-434.

④ JOSEPH S. Measuring cognitive load: A comparison of self-report and physiological methods[D]. Arizona: Arizona State University, 2013.

⑤ TUOVINEN J E, PAAS F. Exploring multidimensional approaches to the efficiency of instructional conditions[J]. Instructional science, 2004, 32(1-2): 133-152.

因为在双任务绩效的变化与认知负荷直接相关的假设下，双任务测量被认为是直接和客观的[①]。双任务测量基于有限工作记忆的概念，通过测量与第二任务相关的表现变量（如反应时间和错误率）来评估认知负荷。反应时间和错误率的增加被视为对认知负荷增加的反映[②]。

本书主要采用绩效指标和双任务相结合的测量方式，一方面通过双任务提高操作任务的难度来增加认知负荷，即认为高认知负荷条件下的任务难度高于低认知负荷条件下的任务难度，并认为被试在完成高难度任务时需要付出更多的心智努力，其注意力也更加集中[③]；另一方面，测量操作成绩，评估操作者的反应时和正确率。

2.5.4 认知负荷与风险决策框架效应研究

认知负荷理论认为，过高的认知负荷会减少用于存储“加工权限”的认知资源，从而使得对分心刺激的加工得不到有效的抑制。与低认知负荷的条件相比，在高认知负荷下，分心刺激会获得更多的注意，从而得到更好的加工[④]。这一规律得到了其他多项研究结果的支持，即发现高认知负荷会提高对分心刺激的加工程度[⑤⑥]。信息加工理论认为，在一定情况下，认知负荷对分析式加工的影响较大，而当分析式加工在风险决策过程中起主要作用时，认知负荷会影响风险决策框架效应，此时在个体信息加工过程中，分心刺激被注意到，框架效应作为一种分心刺激也被注意到并得到分析加工，因为分析式加工会使框架效应弱化，所以此时个体更倾向做出理性决策（图 2-6）。

---

① SCHOOR C, BANNERT M, BRÜNKEN R. Role of dual task design when measuring cognitive load during multimedia learning[J]. Educational technology research & development, 2012, 60(5): 753-768.

② BRUNKEN R, PLASS J L, LEUTNER D. Direct measurement of cognitive load in multimedia learning[J]. Educational psychologist, 2003, 38(1): 53-61.

③ VYTAL K, CORNWELL B, ARKIN N, et al. Describing the interplay between anxiety and cognition: From impaired performance under low cognitive load to reduced anxiety under high load[J]. Psychophysiology, 2012, 49(6): 842-852.

④ LAVIE N, HIRST A, FOCKERT J W D, et al. Load theory of selective attention and cognitive control[J]. Journal of experimental psychology general, 2004, 133(3): 339-354.

⑤ HOLMES A, MOGG K, FOCKERT J D, et al. Electrophysiological evidence for greater attention to threat when cognitive control resources are depleted[J]. Cognitive affective & behavioral neuroscience, 2014, 14(2):778-799.

⑥ KONSTANTINOU N, BEAL E, KING J R, et al. Working memory load and distraction: Dissociable effects of visual maintenance and cognitive control[J]. Attention perception & psychophysics, 2014, 76(7): 1985-1997.

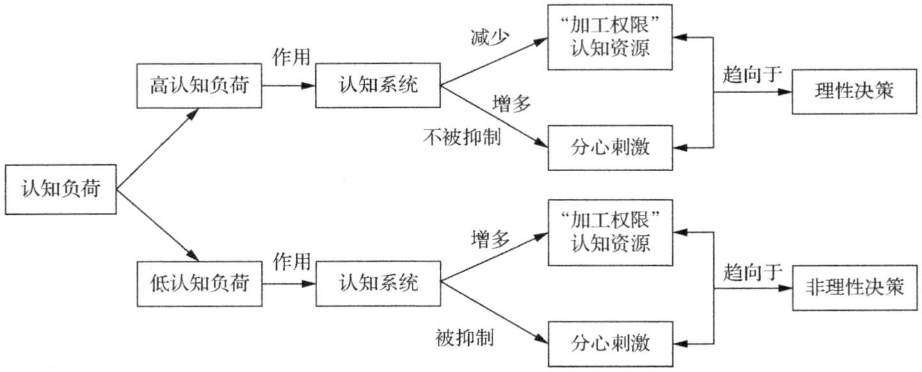

图 2-6　认知负荷的作用机制

例如，篮球运动员在篮球比赛场上，在决定输赢的关键时刻，其大脑内的"加权信息"就是投篮得分，而其他关键信息（如教练员场上指导的语言框架、战术、配合等）则被当作与投篮得分任务无关的分心刺激而被抑制住了。如何提高对分心刺激（语言框架、战术、配合等）的认知加工？根据认知负荷理论，可以通过增加篮球运动员的认知负荷，如让篮球运动员更关注场上教练员的语言指导、双方队员的位置变化、对方的进攻策略等，使篮球运动员对这些分心刺激更加关注，分配更多认知资源在分心刺激的处理上，此时框架效应作为一种分心刺激得到更好的分析和加工，而分析式认知加工使框架效应弱化，这有利于运动员做出理性而正确的决策。

认知负荷与风险决策框架效应的作用关系得到很多研究者的证明。严欣静和游旭群研究发现，无认知负荷时，框架效应显著；适度的认知负荷提高了被试的理性思维，弱化了框架效应[①]。Whitney 等的研究也表明，在决策过程中，认知负荷会影响被试的决策速度，并且随着认知负荷的出现，框架效应出现弱化趋势。他们同时发现，框架效应不单单是启发式系统作用的结果，分析式系统在其中也发挥着重要作用[②]。双系统理论为"框架效应的减弱"机制提供了一种科学解释[③④]。

① 严欣静，游旭群．工作记忆负荷对风险决策框架效应的影响[J]．心理学进展，2017，7（1）：8．

② WHITNEY P, RINEHART C A, HINSON J M. Framing effects under cognitive load: The role of working memory in risky decisions[J]. Psychonomic bulletin & review, 2008, 15(6): 1179-1184.

③ KAHNEMAN D, FREDERICK S. Representativeness revisted: Attribute substitution in Intuitive judgement[M]. Cambridge: Cambridge University Press, 2002.

④ KAHNEMAN D. Thinking, Fast and Slow[M]. New York: Farrar, Straus and Giroux, 2011.

在双系统理论下，人们的认知系统有一个冲动的“直觉”系统和一个理性的“推理”系统，即启发式系统和分析式系统。当启动启发式系统时，人们会凭借直觉以并行方式进行认知信息加工并很快做出决策，不需要占用丰富的认知资源，当人们用这种自动化反应做出决策时，很容易引起框架效应。当启动分析式系统时，人们会凭借理性以串行方式进行认知信息加工并较慢地做出决策，此过程需要占用丰富的认知资源；人们面对不断增加的认知负荷时，会激发理性思维，削弱启发式系统的作用，进而削弱框架效应[①②]。Macdonald 等的研究也印证了这一点，当个体采用启发式系统进行认知信息加工时，更容易引起框架效应；当因增加认知负荷而采用分析式系统进行认知信息加工时，会占用更多的认知资源，使框架效应弱化[③]。Huber 和 Seiser 提出，调动更多的认知资源，付出更多的认知努力在框架问题上，则表现出更小的框架效应[④]。

然而，Igou 和 Bless 的研究得出相反的结论，他们在进行认知努力对框架效应影响的研究时发现，认知负荷会增强框架效应[⑤]。究其原因，研究者认为，一方面认知负荷的增加需要决策者构建更深的信息加工过程，同时增加了决策思索时间，二者导致了更明显的框架效应；另一方面认知负荷的出现增强了决策者的加工动机和加工能力，使得框架效应更明显。因此，他们认为框架效应会随着决策者认知努力的增加而增强。同时，研究也证明了框架效应并不单纯是启发式系统进行认知信息加工的结果，分析式系统也在发挥作用。Gonzalez 的研究结果也显示，在高认知负荷下框架效应更强[⑥]。后续很多模型也验证了将一个人置于认知负荷之下，会增加其推理系统的工作量，阻碍其调节选择，导致其做出不理

① STANOVICH K E, WEST R F. Individual differences in reasoning: Implications for the rationality debate?[J]. Behavioral and brain sciences, 2000, 23(5): 645-665.

② KAHNEMAN, DANIEL. A perspective on judgement and choice[J]. American psychologist, 2003, 58(9): 697-720.

③ MACDONALD S, EDITOR G, KAHNEMAN D. Thinking, fast and slow[M]. New York: Farrar, Straus and Giroux, 2011.

④ HUBER O, SEISER G. Accounting and convincing: The effect of two types of justification on the decision process[J]. Journal of behavioral decision making, 2001, 14(1): 69-85.

⑤ IGOU E R, BLESS H. On undesirable consequences of thinking: Framing effects as a function of substantive processing[J]. Journal of behavioral decision making, 2010, 20(2): 125-142.

⑥ GONZALEZ C. Task workload and cognitive abilities in dynamic decision making[J]. Human factors, 2005, 47(1): 92-101.

性的行为，最终增强框架效应①②。还有研究发现，认知负荷的存在并没有增强框架效应，工作记忆负荷的增加对框架效应没有产生影响③。

篮球运动员在比赛时，不仅要面临时间压力，还要处理赛场上各种复杂的信息，他们应如何应对这些认知负荷？篮球运动员接收不同程度的认知负荷（高认知负荷和低认知负荷）是否会对其风险决策框架效应产生差异影响？在高认知负荷下，篮球运动员的风险决策框架效应是否会弱化？高、低认知负荷下框架效应呈现怎样的特点？这些问题都值得我们探讨。

2.6 情绪、认知负荷与风险决策框架效应

通过回顾总结已有决策研究中的情绪理论可以发现，情绪与风险决策的作用关系及内在机制研究主要包含两个阶段，分别为：第一阶段，研究者认为情绪不能单独作用于风险决策，而是以认知评估作为中介作用于风险决策的，因此研究者最初认为情绪间接影响风险决策；第二阶段，随着研究的不断深入，研究者根据自身研究结果从不同角度提出了许多新理论，包括情绪信息等价说、风险即情绪模型和情绪启发式模型新理论等。随着新理论的逐渐产生，情绪与认知评估过程得以分开，情绪可以不通过认知评估过程直接影响和作用于风险决策，同时也可以与认知评估过程相互作用共同影响风险决策。

Rozin 和 Nemeroff 提出了双系统理论（图 2-7），该理论认为直觉-启发式和分析-执行式两个互相依存的决策方式同时对人们的决策选择、行为方向产生影响，这两种决策方式分别被称为直觉判断和理性判断④。直觉判断系统属于整体式，即直觉-启发式系统，其操作通常是快速的、自动的、并行的、毫不费力的，并且常常是情绪化的，主要依靠直觉、经验、灵感等因素对决策方案进行判断。理性判断系统属于系统性，即分析-执行式系统，其操作通常是缓慢的、受控的、连续的、费力的、易受干扰的，主要依靠逻辑思维、科学推理、数理统计等对决策方案进

① MUKHERJEE, KANCHAN. A dual system model of preferences under risk[J]. Psychological review, 2010, 117(1): 243-255.

② LEVINE F. A dual-self Model of impulse control[J]. American economic review, 2006, 96(5): 1449-1476.

③ MARTINO B D, KUMARAN D, SEYMOUR B, et al. Frames, biases, and rational decision-making in the human brain[J]. Science, 2006, 313(5787): 684-687.

④ ROZIN P, NEMEROFF C. Sympathetic magical thinking: The contagion and similarity "heuristics"[M]. Cambridge: Cambridge University Press, 2002.

行判断[①]。Kahneman 和 Frederick 将框架效应描述为属于直觉-启发式系统的一种情感启发式，该启发式的运作原理是：确定的收益特别有吸引力，而确定的损失特别令人厌恶[②]。

在认知研究领域，有研究者将个体的认知过程划分为两大类，其实质和双系统理论模型的划分相似。Metcalfe 与 Mischel 提出认知情感理论（图 2-8），此理论提出的模型分为冷热两个系统，根据是否有情绪参与个体的判断和决策过程进行了划分，将与情绪有关的、经验性的、整体性、快速的直觉判断称为热认知，热认知更多利用情绪资源系统；将没有情绪参与的、逻辑严密的、缓慢的分析过程称为冷认知，冷认知更多利用认知资源系统[③]。

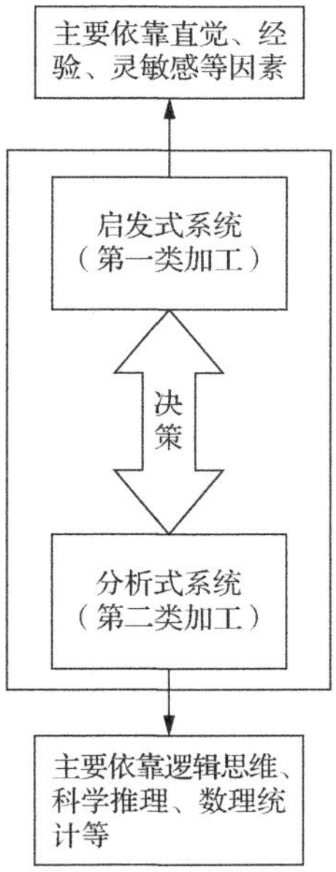

图 2-7　双系统理论模型

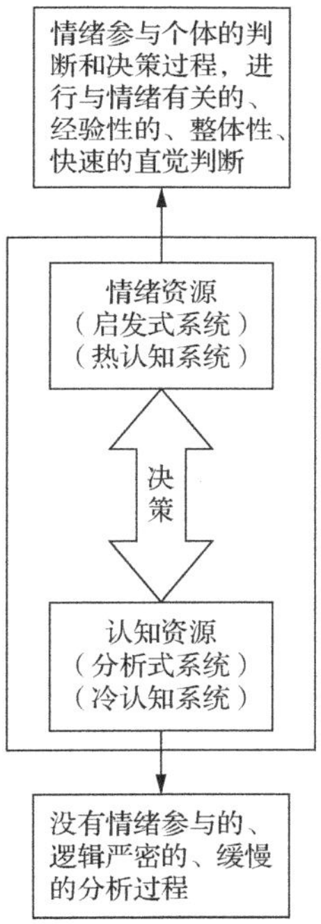

图 2-8　认知情感理论模型

① NEYS D, WIM. Automatic-heuristic and executive-analytic processing during reasoning: Chronometric and dual-task considerations[J]. Quarterly journal of experimental psychology, 2006, 59(6): 1070-1100.

② KAHNEMAN D, FREDERICK S. Frames and brains: elicitation and control of response tendencies[J]. Trends in cognitive sciences, 2007, 11(2): 45-46.

③ METCALFE J, MISCHEL W. A hot/cool-system analysis of delay of gratification: Dynamics of willpower[J]. Psychological review, 1999, 106(1): 3-19.

由两个理论模型可以看出，在个体决策过程中情绪与认知的相互关系，启发式系统更多利用情绪资源系统，分析式系统更多利用认知资源系统。结合上述几个部分的研究综述可以发现，当采用与情绪有关的启发式系统，利用情绪资源系统处理决策问题时，极易产生框架效应；而采用与认知相关的分析式系统时，则能够在一定程度上避免框架效应的产生。由此可见，情绪、认知负荷与风险决策框架效应三者之间有着密切的关系。由情绪综述部分可知，具体情绪会对篮球运动员风险决策框架效应造成影响，尤其是恐惧情绪和愉悦情绪会增强框架效应，因此为了削弱人在情绪影响下产生的框架效应，降低情绪的消极影响，我们需要找到一个合适的影响因素。依据认知负荷综述部分可知，认知负荷可以削弱框架效应，因此，认知负荷很可能是情绪与风险决策框架效应之间一个重要的调节变量。

因此，有必要探讨情绪和认知负荷是否共同对篮球运动员风险决策框架效应产生影响，以及认知负荷是否是情绪与篮球运动员风险决策框架效应之间的调节因素。

3 问题提出及研究假设

3.1 已有研究的分析

3.1.1 关于研究被试

根据已有研究发现，针对特定人群和特定决策任务的风险决策框架效应会呈现自身的特点和规律，值得进行针对性研究。目前，关于风险决策框架效应的研究更多地在普通人群中展开，针对运动员尤其是篮球运动员这个特定人群的研究较少。

3.1.2 关于研究变量的选择

在研究变量选择方面，在普通人群中开展的研究，选择的变量较为丰富，主要包括时间约束因素、决策任务特征、决策情境等外在影响因素变量；决策者自身因素，如情绪、认知、性别、年龄、人格类型、文化与职业背景等内在影响因素变量。同时，针对变量关系深入探讨问题和现象的实质，深刻解释现象和问题的内在机制。

选取运动员为被试的研究，更多针对运动员自身存在的风险决策框架效应的特点展开研究，而对影响因素的考虑较单一，主要针对一些决策者内部因素如人格类型、心理韧性等与风险决策框架效应的关系进行探讨。事实上，运动情境下运动员的风险决策受多因素影响，其作用机制较复杂，因此探讨多因素、多变量之间的作用机制具有重要的理论和现实意义。

3.1.3 关于实验材料

目前大部分研究涉及的实验材料是以重大灾难背景、重大事故背景编制而成的，针对体育领域的研究实验材料较少，也较简单。例如，针对篮球运动员的研究多采用篮球运动员风险决策问卷①，该问卷内容和形式单一，只涉及5个投篮问题，没有考虑篮球运动员的决策任务特征，不能很好地还原篮球比赛场上的决策情境，研究的生态学效度不高。在具体研究过程中，更多采用问卷调查形式，实验研究较少，尽管有实验研究，但是在体育运动压力情境模拟方面存有缺憾，缺乏生态学效度。

3.1.4　关于研究结果的解释

在体育运动领域的风险决策框架效应方面，研究者进行了一些理论和实证研究，并且能够较好地完成自我解释，但这些解释基本是“用现象解释现象”，对现象背后的机理揭示得不够深刻，因此这些研究的结论缺乏足够的说服力。事实上，已有相关研究讨论的现象有很复杂的作用机制，应依据不同理论（如双系统理论、情绪即决策理论、前景理论、认知负荷理论、认知情感理论等），从不同角度来分析解释运动情境下篮球运动员风险决策框架效应的发生机制。

3.2　问题的提出

本书结合双系统理论、情绪即决策理论、前景理论、认知负荷理论和认知情感理论等，探讨篮球运动员处于竞赛情境时，时间压力、认知负荷及情绪与风险决策框架效应之间的关系。

由已有研究可知，关于时间压力对风险框架效应的作用机制有两种解释，第一种是时间压力作用于人的认知资源系统，第二种是时间压力作用于人的情绪资源系统。那么篮球运动员面对时间压力时，哪种作用机制在起主导作用？这个问题值得我们验证。

如果是第一种作用机制，即时间压力通过认知系统起作用，那么对于篮球运动员来说，是否也像已有部分研究的结果一样，削弱了框架效应？根据综述2.5.4部分可知，认知负荷可以削弱框架效应，那么当时间压力和认知负荷同时作用于篮球运动员时，是否会进一步促使框架效应弱化？这些需要我们验证。

---

① 黄志剑，刘正洁．体育情境中的风险决策行为：前景理论的初步系统验证[J]．中国运动医学杂志，2012，31（8）：697-705．

如果是第二种作用机制，即时间压力通过情绪系统起作用，那么对于篮球运动员来说，是否也像已有部分研究的结果一样，增强了框架效应？根据已有研究，愉悦和恐惧这类具体情绪会增强框架效应，那么当时间压力和具体情绪同时作用于篮球运动员时，是否会进一步促使其框架效应的增强？这些也需要我们验证。

如果能够验证时间压力和具体情绪增强了框架效应，而认知负荷削弱了框架效应，那么可以进一步验证认知负荷是否在情绪与篮球运动员风险决策框架效应之间起调节作用，是否使框架效应弱化，并促使篮球运动员做出理性决策。

通过对已有研究的综述和变量关系及理论关系的推导，作者提出以下理论假设模型，如图 3-1 所示。图 3-1 中的虚线箭头表示时间压力通过认知对框架效应起作用，还是通过情绪对框架效应起作用并不确定。

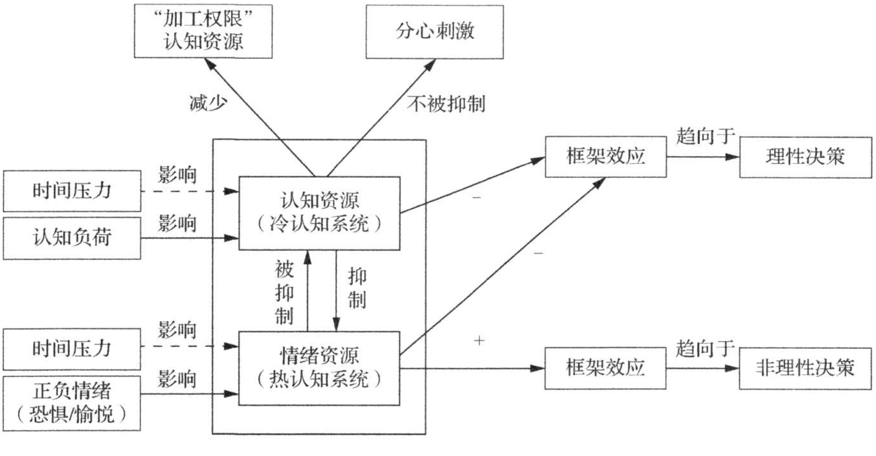

图 3-1　篮球运动员风险决策框架效应双系统理论假设模型

本书包括 4 部分研究。

研究 1：竞赛情境下篮球运动员的风险决策框架效应验证研究。

研究 2：时间压力与认知负荷对篮球运动员风险决策框架效应的影响研究。对篮球运动员施加时间压力和认知负荷，考察时间压力和认知负荷是否会影响篮球运动员的风险决策框架效应。如果产生影响，那么在时间压力和认知负荷分别发挥作用时是增强了框架效应还是削弱了框架效应？在二者共同作用时，认知负荷是否起到了调节作用，是否削弱了篮球运动员的风险决策框架效应？这是第二部分研究主要验证的问题（图 3-2 和图 3-3）。图 3-2 和图 3-3 中的虚线箭头意义同图 3-1，底纹表示要研究的变量之间的关系。

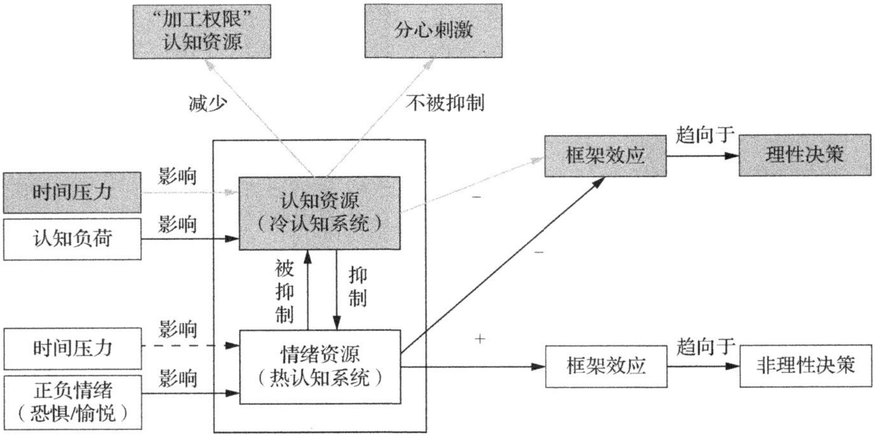

“+”为增强作用，“-”为削弱作用。

图 3-2　时间压力对风险决策框架效应影响的作用机制假设模型

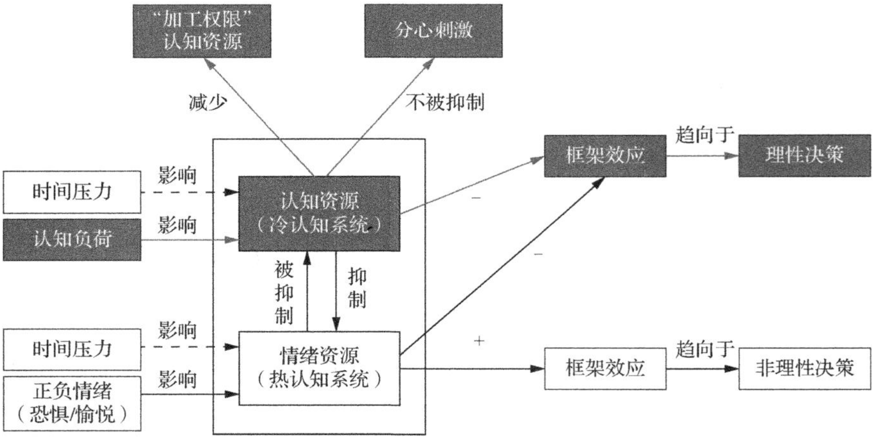

“+”为增强作用，“-”为削弱作用。

图 3-3　认知负荷对风险决策框架效应影响的作用机制假设模型

研究 3：愉悦情绪和恐惧情绪对篮球运动员风险决策框架效应的影响研究。一方面，通过诱发篮球运动员愉悦和恐惧的情绪，考察篮球运动员在愉悦和恐惧情绪下是否存在风险决策框架效应，以及在情绪作用下风险决策框架效应得到增强还是削弱。另一方面，施加时间压力的同时诱发篮球运动员愉悦和恐惧的情绪，考察时间压力和情绪共同影响篮球运动员风险决策框架效应时，是增强了框架效应还是削弱了框架效应（图 3-4 和图 3-5）。图 3-4 和图 3-5 中的虚线箭头意义同图 3-1，底纹表示要研究的变量之间的关系。

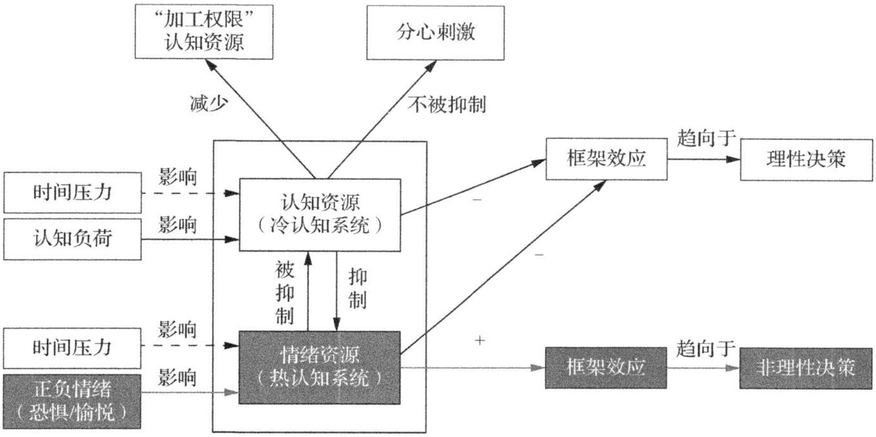

"+" 为增强作用，"−" 为削弱作用。

图 3-4　情绪对风险决策框架效应影响的作用机制假设模型

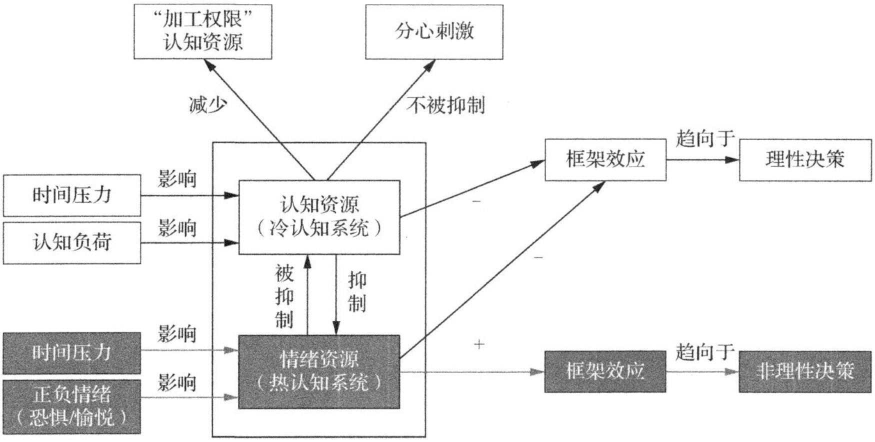

"+" 为增强作用，"−" 为削弱作用。

图 3-5　时间压力、情绪对风险决策框架效应影响的作用机制假设模型

研究 4：认知负荷与情绪对篮球运动员风险决策框架效应的影响研究。如果能够验证情绪对篮球运动员风险框架效应有增强作用，认知负荷对篮球运动员风险决策框架效应有削弱作用，那么有必要进一步验证认知负荷在情绪与风险决策框架效应之间是否有调节作用。通过施加认知负荷，同时诱发篮球运动员愉悦或恐惧情绪，考察认知负荷在情绪与风险决策框架效应之间的调节作用（图 3-6）。图 3-6 中虚线箭头意义同图 3-1，底纹表示要研究的变量之间的关系。

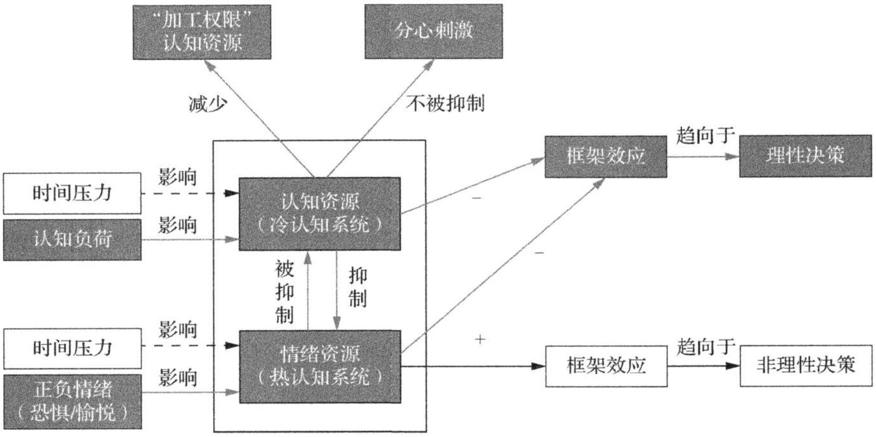

"+" 为增强作用，"–" 为削弱作用。

图 3-6　认知负荷、情绪对风险决策框架效应影响的作用机制假设模型

3.3　研究内容框架

研究内容框架如图 3-7 所示。

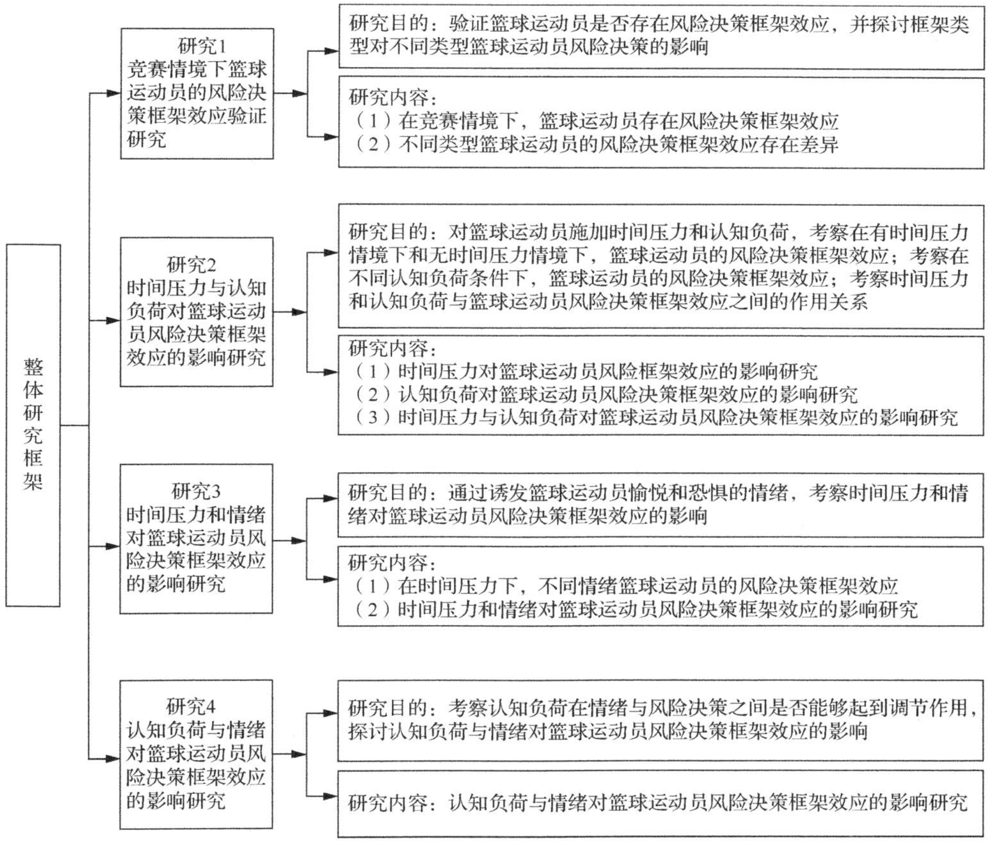

图 3-7　研究内容框架

3.4　研究目的和研究意义

3.4.1　研究目的

本书主要围绕 4 个方面的内容展开研究。

（1）在前人研究基础上，验证篮球运动员是否存在风险决策框架效应。

（2）探讨时间压力和认知负荷对篮球运动员风险决策框架效应的影响。

（3）探讨时间压力和情绪对篮球运动员风险决策框架效应的影响。

（4）探讨情绪与认知负荷对篮球运动员风险决策框架效应的影响，以及认知负荷是否在情绪与风险决策框架效应之间起调节作用。

3.4.2 研究意义

1. 理论意义

（1）本书的研究结果可以进一步丰富决策、情绪与认知等相关研究领域的理论成果，尤其是为这些领域理论架构的完善提供实证性的参考。本书研究完成的认知负荷效应和情绪效应的实验结果，可以为双系统模型提供进一步的证据支持；同时，本书对影响框架效应的因素进行更深入的探讨，为提出更合理的解释框架效应的理论提供一定基础。

（2）本书中对情绪、认知负荷和时间压力对风险决策框架效应的交互影响的探讨是对决策理论的拓展，使决策理论更为立体，有利于进一步认识和揭示篮球运动员风险决策的本质，充实风险决策领域的研究内容。

（3）本书将现实中的运动决策情境还原，将篮球运动员面临的时间压力、认知压力及篮球运动员的情绪状态等影响风险决策框架效应的因素纳入实验范畴，通过一个更有生态学效度和更为立体的研究思路，来深入揭示篮球运动员风险决策过程的复杂机制。本研究可以进一步丰富体育运动领域的风险决策研究理论成果，为今后进一步研究运动员的风险决策框架效应奠定理论和实证基础。

2. 实践意义

本书的实践意义在于，从更接近于真实决策情境的角度来探讨篮球运动员风险决策过程中的影响因素，提高研究结论的应用性，为篮球运动员的现实决策提供有意义的参考。准确把握框架效应、时间压力和情绪对篮球运动员风险决策行为的影响，以及认知的调节作用，进而有针对性地提出训练与调节方法，使篮球运动员在做出决策时能够最大限度地发挥自身的潜能和能动性，合理利用框架效应。本书的研究结果对篮球运动员和教练员应对竞技场上风险决策问题及有效处理竞技场上的胶着局面有着积极的现实意义，具体表现在以下方面。

（1）对于篮球运动员而言，本书将有助于决策者更加深入地了解篮球运动风险决策，避免框架效应和某些情绪在决策中产生消极影响，进而做出科学的决策。

（2）在面对风险决策时，本书的研究结果可以帮篮球运动员灵活运用框架效应、认知和情绪产生的影响，使篮球运动员按照自己希望的风险偏好进行理性决策。例如，当比赛时间仅剩下最后 1 分钟，且本方领先 1 分时，应该压着节奏，采用风险规避的保守打法，既使本方能够稳抓稳打得分，又不给对方留下反攻的时间。相反，如果对方领先 1 分，在同样的情形下，就需要采取风险寻求的决策，在有限的时间内使比分反超。面临不同情况，篮球运动员在进行决策时，可以借鉴本书的研究结果，同时考虑时间压力、认知和情绪等因素对框架效应的影响。篮球运动员按照某种既定的风险偏好进行决策，能够更好地满足比赛的需要。

（3）对于篮球教练员来说，本书的研究结果将会为其在训练和比赛中有效地指导运动员提供有价值的理论和实证参考。

4 实证研究

4.1 研究1 竞赛情境下篮球运动员的风险决策框架效应验证研究

研究者通过对运动员和教练员的风险决策行为的研究发现，运动员和教练员的决策行为在一定程度上受框架效应的影响。同时，比赛中运动员的决策行为受到其他多种因素的影响，其中包括运动员自身特征、运动员场上角色、自身的技术发挥、战术打法、对手水平、教练员的场外指导等重要的影响因素。因此，作者在前人研究的基础上，探讨在比赛过程中篮球运动员是否受框架效应的影响，并在此基础上探讨篮球运动员自身特征、运动员场上角色、对手水平、教练员临场指挥策略及框架效应对篮球运动员风险决策的影响。

4.1.1 研究目的

本研究以竞赛情境下的篮球运动风险决策为背景，设定比赛中的不同情境，主要包括运动员场上角色、对手水平及教练员临场指挥策略 3 种不同的决策任务情境，结合场上比分的变化，编制调查问卷，采用问卷调查的方法验证篮球运动员是否存在风险决策框架效应，并进一步探讨框架类型对不同决策任务情境下篮球运动员风险决策的影响。

4.1.2 研究假设

在竞赛情境下，篮球运动员的风险决策存在框架效应；不同类型篮球运动员的风险决策框架效应存在差异。

4.1.3 研究方法

1. 研究对象

作者选取了天津、北京、上海、武汉、西安 5 地高校篮球队、地方篮球队和国家篮球队的男、女篮球运动员共 360 名作为研究对象。研究对象运动等级均为国家二级及以上运动员，曾参加过全国性比赛并获得团体前 8 名的成绩，训练年限均在 8 年以上。研究对象基本情况如表 4-1 所示。

表 4-1 研究对象基本情况

	性别		年龄		运动年限		运动等级	
统计项	男	女	20 岁以下	20 岁及以上	8～10 年	10 年以上	二级	一级及以上
人数（人）	262	98	76	284	141	219	159	201
百分比（%）	73	27	21	79	39	61	44	56

研究对象为 360 名篮球运动员，其中，男运动员为 262 人，占 73%；女运动员为 98 人，占 27%。年龄在 20 岁以下的运动员共 76 人，占 21%；年龄在 20 岁及以上的运动员共 284 人，占 79%。运动年限在 8～10 年的运动员共 141 人，占 39%；运动年限在 10 年以上的运动员共 219 人，占 61%。运动等级为二级的运动员共 159 人，占 44%；运动等级为一级及以上的运动员共 201 人，占 56%。

2. 研究方法

1）专家访谈法

作者选取篮球教练员 6 名，通过面对面访谈、电话访谈和邮件的方式，了解、筛选篮球运动员在篮球比赛过程中进行决策时可能遇到的具体情境。通过访谈最终确定了运动员场上角色、对手水平、教练员临场指挥策略 3 种具体决策情境。专家教练员构成情况如表 4-2 所示，教练员访谈提纲见附录 1。

表 4-2　专家教练员构成情况

序号	专家姓名	职务	工作单位
1	肖翔	篮球教练员	天津体育学院
2	康菲	篮球教练员	天津体育学院
3	韩宝	篮球教练员	天津中医药大学
4	仝菲	篮球教练员	天津中医药大学
5	薄宇宁	篮球教练员	天津财经大学
6	李娜	篮球教练员	天津财经大学

同时，作者选取心理学专家 5 名，通过面对面、电话访谈的方式对心理学专家进行访谈，根据专家针对题目内容和形式提出的意见和建议编制问卷。心理学专家构成情况如表 4-3 所示，心理学专家访谈提纲见附录 2。

表 4-3　心理学专家构成情况

序号	专家姓名	职称/职务	专业	工作单位
1	姚家新	教授	运动心理学	天津体育学院
2	张连成	教授	运动心理学	天津体育学院
3	吕勇	教授	心理学	天津师范大学
4	王晓庄	教授	心理学	天津师范大学
5	吴真	教授	心理学	天津职业技术师范大学

2）问卷编制

编制篮球运动员风险决策框架效应问卷。参照黄志剑、刘正洁编制的体育情境风险决策问卷①及刘永革和杨琰编制的排球运动员风险决策问卷②中的风险决策框架效应题目，编写篮球运动员风险决策框架效应问卷。作者根据研究需要采用“局内人”问题情境。

编制《篮球运动员风险决策框架效应问卷》的步骤如下：首先，对篮球教练

① 黄志剑，刘正洁．体育情境中的风险决策行为：前景理论的初步系统验证[J]．中国运动医学杂志，2012，31（8）：697-705.

② 刘永革，杨琰．框架效应对女排运动员运动决策风险偏好的影响[J]．成都体育学院学报，2012，38（8）：45-48.

员进行访谈，确定篮球比赛过程中常出现的几种情境，最终确定运动员场上角色（主力队员、替补队员）、对手水平（领先于对手、落后于对手）、教练员临场指挥策略（教练员施压策略、教练员鼓励策略）3 种情境为比赛常见情境。根据上述情境，充分考虑篮球运动员场上能够进行自我决策，编制篮球运动员决策问题。同时，根据心理学专家建议，参照经典框架效应设计正框架和负框架的方案内容，并结合篮球运动员风险规避和风险寻求的概率，设计风险决策框架效应方案选项。编制的《篮球运动员风险决策框架效应问卷》内容举例如下。

在一场重要的篮球比赛中，当本方运用一种固定的战术配合，连续进攻失利，处于落后的地位时，如果本方有两种应对方案可供选择，你会选择哪个方案？

正框架

方案 A：在接下来的 3 次进攻中，有 1 次进攻成功得分。

方案 B：在接下来的 3 次进攻中，有 1/3 的可能性 3 次进攻全部成功得分；有 2/3 的可能性 3 次进攻全部失败不得分。

负框架

方案 A：在接下来的 3 次进攻中，有 2 次进攻失败不得分。

方案 B：在接下来的 3 次进攻中，有 2/3 的可能性 3 次进攻全部失败不得分；有 1/3 的可能性 3 次进攻全部成功得分。

依据场上角色（主力队员、替补队员）、教练员临场指挥策略（教练员施压策略、教练员鼓励策略）、对手水平（领先于对手、落后于对手）及整体竞赛情境共编制 14 个题目，形成《篮球运动员风险决策框架效应问卷》。因此，《篮球运动员风险决策框架效应问卷》中共有 14 个题目，其中正框架 7 题、负框架 7 题，正框架题目题号为 1、3、7、9、10、11、13，负框架题目题号为 2、4、5、6、8、12、14。问卷内容详见附录 3。

3）问卷的有效性

将新编制的《篮球运动员风险决策框架效应问卷》发放给心理学专家（表 4-3），请他们对问卷的有效性进行评价，经专家评定，该问卷内容能够体现所有研究内容，具备有效性（表 4-4）。专家效度检验问卷详见附录 4。

表 4-4　问卷效度评价结果表

维度	可行（人数/百分比）	基本可行（人数/百分比）	不可行
内容设计	4（80%）	1（20%）	0
结构设计	4（80%）	1（20%）	0
总体设计	4（80%）	1（20%）	0

4）问卷的发放与回收

将编制好的篮球运动员风险决策框架效应问卷通过问卷星进行编辑制作，以微信、QQ 及邮件的形式发放给篮球运动员。为了避免问题呈现顺序对篮球运动员决策产生影响，在问卷星中编写问卷时对问题出现的顺序进行了随机化处理。

本研究实际发放问卷 380 份，实际回收问卷 366 份，问卷回收率为 96.3%。剔除无效问卷 6 份，回收有效问卷 360 份，问卷有效回收率为 98.4%。

3. 数据分析

该问卷计分方法为：选 A 方案（保守方案）计 0 分，选 B 方案（冒险方案）计 1 分；风险偏好得分为选择风险方案各题目分数的总和，分数越高，说明风险偏好越明显；风险方案各题目相加总分为 7 分，大于等于 4 分为“冒险倾向”，小于 4 分为“保守倾向”。

采用 SPSS27.0 统计学软件分别对正、负框架下选择冒险方案的人数进行分析比较，采用卡方检验分析方法，用χ^2表示结果。根据统计学显著性水平为 $p<0.05$，非常显著性水平为 $p<0.001$。根据分析结果探讨篮球运动员在性别、运动年限、运动等级方面是否存在风险决策框架效应及呈现怎样的规律；同时，进一步探讨不同具体任务情境下篮球运动员风险决策框架效应的特点。

4.1.4　结果与分析

1. 竞赛情境下的篮球运动员风险决策框架效应

对在竞赛情境下不同框架类型对 360 名篮球运动员风险决策行为的影响进行卡方检验，检验结果如表 4-5 所示。

表 4-5 篮球运动员在不同框架类型下的风险决策结果

框架	保守方案（人数/百分比）	冒险方案（人数/百分比）	Pearsonχ^2	p
正框架	185（51.4%）	175（48.6%）	44.07	0.000
负框架	98（27.2%）	262（72.8%）		

由表 4-5 结果可知，不同框架类型对篮球运动员风险决策行为的影响非常显著，$\chi^2(1)=44.07$（1 代表自由度），$p<0.001$。这说明篮球运动员在竞赛情境下进行风险决策时均会出现框架效应，在正框架下倾向选择保守方案，在负框架下倾向选择冒险方案，这与经典框架效应是一致的（图 4-1）。

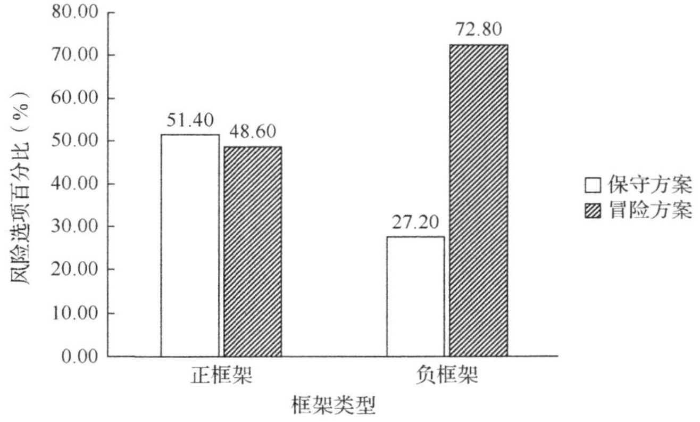

图 4-1 篮球运动员在正负框架下的风险决策选择

2. 不同性别对正负框架下篮球运动员风险决策行为的影响

分别对在竞赛情境下不同框架类型对男、女篮球运动员风险决策行为的影响进行卡方检验，检验结果如表 4-6 所示。

表 4-6 男、女篮球运动员在不同框架类型下的风险决策结果

性别	框架	保守方案（人数/百分比）	冒险方案（人数/百分比）	Pearsonχ^2	p
男性	正框架	133（50.8%）	129（49.2%）	26.82	0.000
	负框架	75（28.6%）	187（71.4%）		

续表

性别	框架	保守方案（人数/百分比）	冒险方案（人数/百分比）	Pearson χ^2	p
女性	正框架	52（53.1%）	46（46.9%）	18.16	0.000
	负框架	23（23.5%）	75（76.5%）		

由表 4-6 结果可知，不同框架类型对男、女篮球运动员风险决策行为的影响非常显著，$\chi^2(1)=26.82$，$p<0.001$，$\chi^2(1)=18.16$，$p<0.001$。这说明男、女篮球运动员在竞赛情境下进行风险决策时均会出现框架效应，在正框架下倾向选择保守方案，在负框架下倾向选择冒险方案，这与经典框架效应是一致的（图 4-2 和图 4-3）。

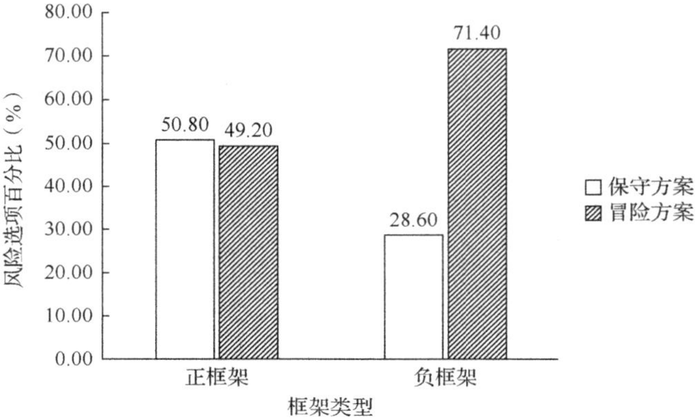

图 4-2　男性篮球运动员在正负框架下的风险决策选择

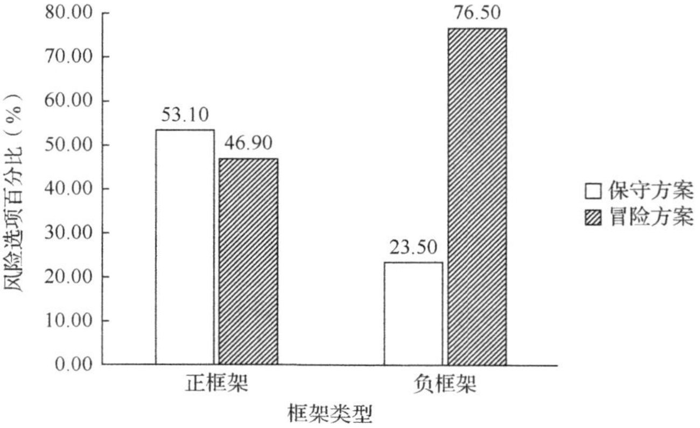

图 4-3　女性篮球运动员在正负框架下的风险决策选择

对男、女篮球运动员在框架效应下的风险决策行为进行差异比较。

经卡方检验发现，$\chi^2(1)=0.29$，$p>0.05$，这说明男、女篮球运动员在框架效应下的冒险行为无显著差异（表 4-7）。男、女篮球运动员在框架效应下的风险决策行为比较如图 4-4 所示。

表 4-7　男、女篮球运动员在正负框架下的冒险行为比较

性别	正框架（人数/百分比）	负框架（人数/百分比）	Pearsonχ^2	p
男性	129（40.8%）	187（59.2%）	0.29	0.59
女性	46（38.0%）	75（62.0%）		

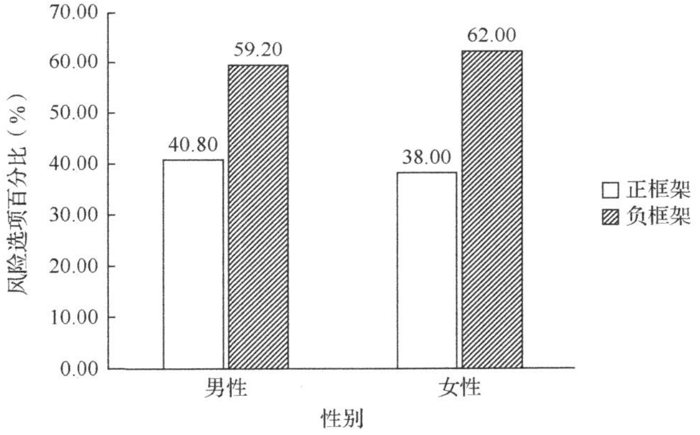

图 4-4　男、女篮球运动员在框架效应下的风险决策行为比较

3. 不同运动等级对正负框架下篮球运动员风险决策行为的影响

分别对在竞赛情境下不同框架类型对国家二级、国家一级及以上篮球运动员风险决策行为的影响进行卡方检验，检验结果如表 4-8 所示。

表 4-8　不同运动等级篮球运动员在不同框架类型下的风险决策结果

运动等级	框架	保守方案（人数/百分比）	冒险方案（人数/百分比）	Pearsonχ^2	p
国家二级	正框架	92（57.9%）	67（42.1%）	74.89	0.000
	负框架	21（12.4%）	148（87.6%）		
国家一级及以上	正框架	113（56.2%）	88（43.8%）	12.93	0.000
	负框架	77（38.3%）	124（61.7%）		

由表 4-8 结果可知，不同框架类型对不同运动等级篮球运动员的风险决策选择影响非常显著，$\chi^2(1)=74.89$，$p<0.001$，$\chi^2(1)=12.93$，$p<0.001$。这说明不同运动等级的篮球运动员在竞赛情境下进行风险决策均会出现框架效应，在正框架下倾向选择保守方案，在负框架下更倾向选择冒险方案，与经典框架效应一致，如图 4-5 和图 4-6 所示。

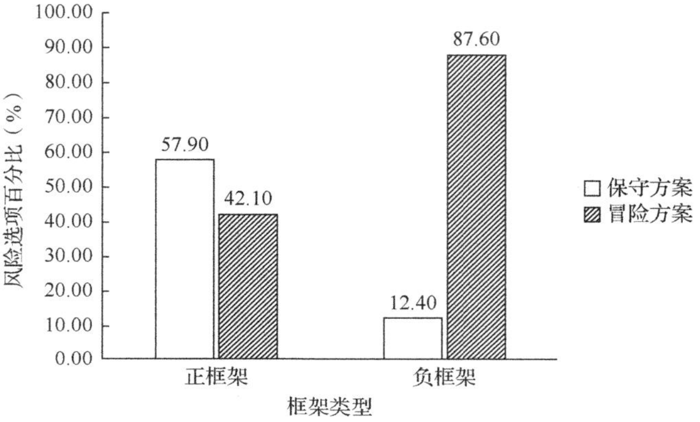

图 4-5　国家二级篮球运动员在正负框架下的风险决策选择

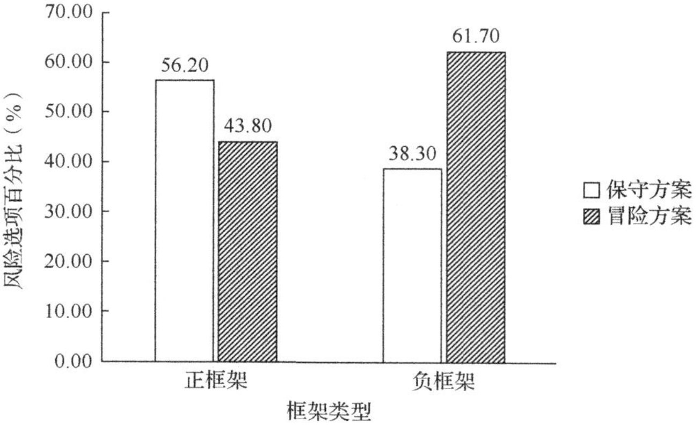

图 4-6　国家一级及以上篮球运动员在正负框架下的风险决策选择

对不同运动等级篮球运动员在框架效应下的冒险行为进行差异比较。

经卡方检验发现，$\chi^2(1)=4.94$，$p<0.05$，不同运动等级篮球运动员在框架效应下的冒险行为有显著差异（表 4-9），表现为：在正框架下，国家一级及以上篮球

运动员比国家二级篮球运动员倾向选择冒险方案；在负框架下，国家一级及以上篮球运动员比国家二级篮球运动员倾向选择保守方案（图 4-7）。

表 4-9　不同运动等级篮球运动员在正负框架下的冒险行为比较

运动等级	正框架（人数/百分比）	负框架（人数/百分比）	Pearsonχ^2	p
国家二级	67（31.2%）	148（68.8%）	4.94	0.026
国家一级及以上	88（41.5%）	124（58.5%）		

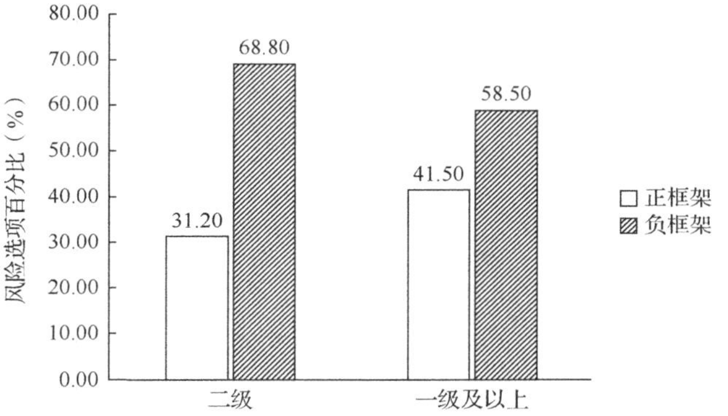

图 4-7　国家二级、一级及以上篮球运动员在正负框架下的风险决策行为比较

4. 不同运动年限对正、负框架下篮球运动员风险决策行为的影响

分别对在竞赛情境下不同框架类型对运动年限为 8～10 年、10 年以上的篮球运动员风险决策行为的影响进行卡方检验，检验结果如表 4-10 所示。

表 4-10　不同运动年限篮球运动员在不同框架类型下的风险决策结果

运动年限	框架	保守方案（人数/百分比）	冒险方案（人数/百分比）	Pearsonχ^2	p
8～10 年	正框架	80（56.7%）	61（43.3%）	22.02	0.000
	负框架	41（29.1%）	100（70.9%）		
10 年及以上	正框架	105（47.9%）	114（52.1%）	22.57	0.000
	负框架	57（26.0%）	162（74.0%）		

由表 4-10 结果可知，不同框架类型对不同运动年限篮球运动员风险决策选择的影响非常显著，运动年限为 8～10 年的篮球运动员的$\chi^2(1)=22.02$、$p<0.001$，运动年限为 10 年及以上的篮球运动员的$\chi^2(1)=22.57$、$p<0.001$，这说明不同运动年限的篮球运动员在竞赛情境下进行风险决策均会出现框架效应。结果显示，运动年限为 8～10 年的篮球运动员，在正框架下倾向选择保守方案，在负框架下倾向选择冒险方案，与经典框架效应一致；而运动年限在 10 年以上的篮球运动员，在正框架下倾向选择冒险方案，在负框架下倾向选择冒险方案，与经典框架不完全一致，呈现单向框架效应，如图 4-8 和图 4-9 所示。

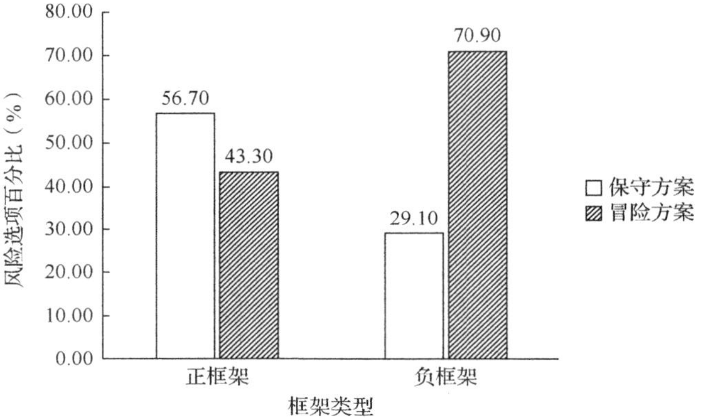

图 4-8　运动年限为 8～10 年的篮球运动员在正负框架下的风险决策选择

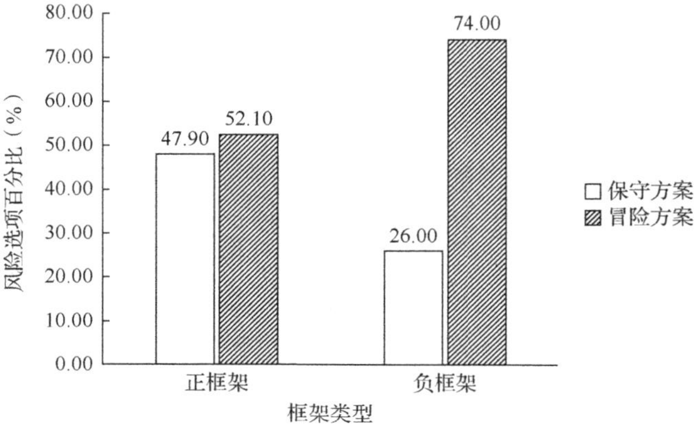

图 4-9　运动年限为 10 年以上的篮球运动员在正负框架下的风险决策选择

对不同运动年限篮球运动员在框架效应下的冒险行为进行差异比较。

经卡方检验发现，$\chi^2(1)=0.49$，$p>0.05$，不同运动年限篮球运动员在正负框架下的冒险行为无显著差异（表 4-11）。对不同运动年限篮球运动员在正负框架下的风险决策行为进行比较，如图 4-10 所示。

表 4-11　不同运动年限篮球运动员在正负框架下的冒险行为比较

运动年限	正框架（人数/百分比）	负框架（人数/百分比）	Pearson χ^2	p
8～10 年	61（37.9%）	100（62.1%）	0.49	0.48
10 年以上	114（41.3%）	162（58.7%）		

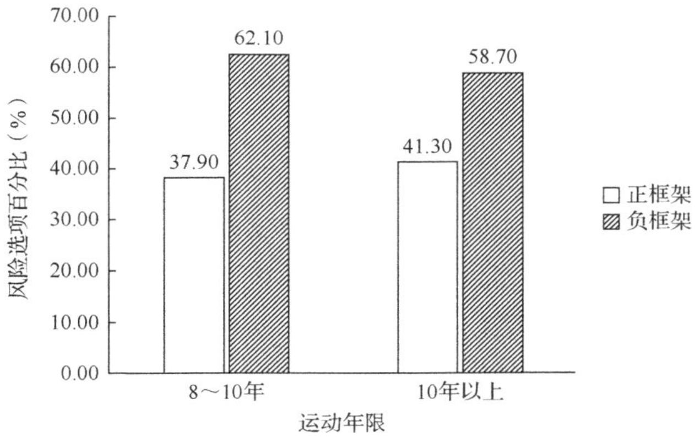

图 4-10　不同运动年限篮球运动员在正负框架下的风险决策行为比较

4.1.5　讨论

1. 篮球运动员在竞赛情境下存在风险决策框架效应

由结果可知，篮球运动员在竞赛情境下进行风险决策受到框架效应的显著影响，表现为在正框架下倾向风险规避，在负框架下倾向风险寻求。这与先前的研究结论是一致的，团体项目运动员的风险决策行为容易受到框架效应的影响①。结果数据表明，篮球运动员受负框架信息的影响更大，对消极信息的敏感性更强，

① 李胜明，李昊，赵晓玲. 框架效应下优秀运动员风险决策偏好研究[J]. 成都体育学院学报，2009，35（3）：32-35.

在面对消极信息时更容易做出冒险行为。这可能与运动员这个特殊职业有关，运动员在比赛中的最终目的是追求成功、避免失败，因此在比赛中更容易受消极信息的影响，他们会让自己尽量避免失败带来的利益损失，因而在负框架下进行风险决策时倾向选择冒险行为。

2. 不同性别篮球运动员的风险决策框架效应

目前，关于性别与框架效应的关系的研究结果不完全一致，主要有 3 种观点：第一种观点认为，男、女被试在进行风险决策时都会发生框架效应，只是不同性别被试对框架效应的敏感度不同，在一般情况下，女性对框架效应的敏感度高于男性①；第二种观点认为，只有女性容易受到框架效应的影响，而男性则不会受到框架效应的影响②；第三种观点认为，只有男性容易发生框架效应，而女性则不会受到框架效应的影响③。本研究的结果验证了第一种观点，即男性篮球运动员和女性篮球运动员在竞赛情境下进行风险决策时均会受到框架效应的影响，并且产生的框架效应与经典框架效应一致。在正框架下，男、女篮球运动员倾向选择保守行为；在负框架下，男、女篮球运动员倾向选择冒险行为。作者还发现，男、女篮球运动员在框架效应下的风险决策行为无显著差异。

虽无显著差异，但从整体趋势来看，在正框架下，女性篮球运动员比男性篮球运动员更倾向选择保守方案；在负框架下，女性篮球运动员比男性篮球运动员更倾向选择冒险方案，表现出更明显的框架效应。究其原因：第一，可能与男、女篮球运动员在比赛中的决策模式有关①。Sanfey 和 Chang 及张凤华等的研究表明，男性进行决策时更多采用分析式系统，而女性则更多采用启发式系统④⑤；Mcelroy 和 Seta 的研究证实，采用启发式为主的决策模式进行决策的个体更容易受到框架效应的影响⑥。因此，女性篮球运动员在比赛中可能比男性篮球运动员更

① 王凯．突发事件下决策者的框架效应研究[D]．杭州：浙江大学，2010.

② HASSELDINE J, HITE P A. Framing, gender and tax compliance[J]. Journal of economic psychology, 2003, 24(4): 517-533.

③ WANG X T, SIMONS F, BRÉDART S. Social cues and verbal framing in risky choice[J]. Journal of behavioral decision making, 2001, 14(1): 1-15.

④ SANFEY A G, CHANG L J. Multiple systems in decision making[J]. Annals of the New York Academy of Sciences, 2010, 1128(1): 53-62.

⑤ 张凤华，邱江，邱桂凤，等．决策中的框架效应再探[J]．心理科学，2007，30（4）：5-19.

⑥ MCELROY T, SETA J J. Framing effects: An analytic - holistic perspective[J]. Journal of experimental social psychology, 2003, 39(6): 610-617.

多地使用启发式决策模式，因此她们比男性篮球运动员更容易受到框架效应的影响。第二，可能与男、女篮球运动员价值取向不同有关。Fujimoto 和 Eun-Soopark 的研究发现，女性更愿意利他和合作，而男性更富有进取心、更注重自己的利益，女性在面对负框架时更加倾向选择冒险行为①。这与本研究的结果是一致的，在负框架下，女性篮球运动员可能为了自己的团队获得更多的分数并赢得比赛而更倾向做出冒险行为。第三，还可能与女性篮球运动员的情感敏感度高有关。Fagley 等研究发现，女性的情感敏感度得分高于男性，女性在决策时更多地受到情感、情绪因素的影响，从而采用启发式决策模式②。女性篮球运动员比男性篮球运动员在比赛中更容易受到场上压力事件的影响，并体验到更多的冲突、挫折及负面情绪，因此她们的决策行为表现出更强的框架效应。在指导不同性别的篮球运动员训练、比赛时，教练员要考虑男、女运动员的不同特点，从他们的情感、情绪、价值观等角度出发，使用不同的语言风格进行指导，避免其在决策中产生偏差。

3. 不同运动等级篮球运动员风险决策框架效应

本书的研究结果显示，不同等级的篮球运动员在竞赛情境下均受到框架效应的影响。这与李胜明等的研究结论一致，李胜明等研究发现，一般运动员都比较明显地受到了框架的影响，而优秀运动员在“局内人”问题中受到了框架效应的影响。本研究采用的是“局内人”问题形式，研究发现在“局内人”问题背景下，国家二级篮球运动员与国家一级及以上篮球运动员均出现了框架效应，这与李胜明等的研究结果相互印证。具体而言，即国家二级和一级及以上篮球运动员在正框架下倾向选择保守方案，在负框架下倾向选择冒险方案，这与经典框架效应一致。这说明无论是相对较低水平的篮球运动员还是高水平的篮球运动员，在比赛中都会受到信息表征方式的影响。

作者对不同运动等级篮球运动员在框架效应下的风险决策行为进行差异比较发现，在框架效应下不同运动等级篮球运动员的风险决策行为差异显著，表现为在正框架下，国家二级篮球运动员比国家一级及以上篮球运动员更倾向选择保守方案；在负框架下，国家二级篮球运动员比国家一级及以上篮球运动员更倾向选

① FUJIMOTO H, EUN-SOOPARK. Framing effects and gender differences in voluntary public goods provision experiments[J]. The journal of socio-economics, 2010, 39(4): 455-457.

② FAGLEY N S, COLEMAN J G, SIMON A F. Effects of framing, perspective taking, and perspective (affective focus) on choice[J]. Personality & individual differences, 2010, 48(3): 264-269.

择冒险方案，即国家二级篮球运动员比国家一级及以上篮球运动员表现出了更明显的框架效应。此结果与已有研究结果不一致。在已有研究中，有研究者发现，相对较低水平的运动员在正框架下的冒险行为显著高于高水平运动员①；还有研究发现，在正框架下，优秀运动员比一般运动员更加倾向选择冒险方案；在负框架下，优秀运动员比一般运动员更加倾向选择冒险方案，即优秀运动员的冒险偏好大于一般运动员②。研究结果的不一致可能与选择的运动项目和决策问题不同有关。

对于篮球项目来说，较低水平篮球运动员（国家二级）与较高水平篮球运动员（国家一级及以上）相比，可能因自信程度不高、自信心不足而在正框架下倾向选择保守方案；而在负框架下，相对较低水平运动员（国家二级）由于缺乏自信，质疑自己的实力和水平，更关注消极信息，更容易因受到消极信息的影响而倾向选择冒险方案。因此，在对运动员进行决策指导时，要根据他们的运动水平采取不同的语言指导策略。

4. 不同运动年限篮球运动员的风险决策框架效应

本书的研究结果显示，不同运动年限的篮球运动员在竞赛情境下进行风险决策时均会受到框架效应的影响。运动年限为8～10年的篮球运动员，在正框架下倾向选择保守方案，在负框架下倾向选择冒险方案，与经典框架效应一致；而运动年限在10年及以上的篮球运动员，在正框架下倾向选择冒险方案，在负框架下倾向选择冒险方案，与经典框架不完全一致，表现为单向框架效应。呈现这样结果的可能原因如下：对于运动年限相对较短的运动员来说，因为他们参加比赛的经历少，所以积累的经验不足，在技战术和临场的心理状态方面都不够成熟，在比赛中不够自信，在面对积极的场上形势时，反而因怕失误丢分而选择保守打法；而在面对消极的场上形势时，又不能冷静，因急于扭转逆境而出现冒险行为。相比较而言，运动年限相对较长的运动员参加比赛较多，处理场上的各种情况的经验较丰富，因此在场上无论是遇到积极形势还是消极形势都有信心应对，敢拼敢打，表现为更多地采取冒险行为。他们之所以敢于冒险，是因为有自身过硬的技术和多年积累的比赛经验的支撑。

通过对不同运动年限篮球运动员在框架效应下的风险决策行为进行差异比较

---

① 王洪彪，张绍礼，王晓玲．运动风险决策情境中的框架效应研究[J]．沈阳体育学院学报，2011，30（4）：69-73．

② 李胜明，李昊，赵晓玲．框架效应下优秀运动员风险决策偏好研究[J]．成都体育学院学报，2009，35（3）：32-35．

发现，尽管两种运动年限的运动员之间在正负框架下的风险决策行为无显著差异，但从总体趋势来看，在正框架下，运动年限为 8～10 年的篮球运动员比运动年限为 10 年及以上的篮球运动员更倾向选择保守方案；在负框架下，运动年限为 8～10 年的篮球运动员比运动年限为 10 年及以上的篮球运动员更倾向选择冒险方案，前者比后者表现出更明显的框架效应，即运动年限较短的篮球运动员更易受框架效应的影响。这可能与运动年限较少的运动员运动经验相对较少有关。有研究表明，决策者对决策问题所积累的经验会影响决策过程①。还有研究发现，经验水平被认为与框架效应有关②，特定领域的经验水平影响信息处理能力和思维方式③。经验知识使我们对要决策的任务有更深入的理解，并在不确定的情况下影响决策④。因此，具有决策特定经验知识的个体，在他们的职业生涯中经历了更多风险决策情况的实例，相比之下，经验少的个体在决策过程中更有可能受到情境的影响，因为他们被认为更倾向在决策中使用启发式系统⑤，而启发式系统本质上更容易产生决策偏差⑥。因此，对于篮球运动员来说，运动年限较短的篮球运动员可能经历比赛的磨炼较少，经验不足，因此他们做出决策时比运动年限较长的篮球运动员更容易采用启发式系统，从而造成决策偏差，具体表现为在正框架下的保守行为显著高于运动年限较长的篮球运动员；而在负框架下，比运动年限较长的篮球运动员更可能采取冒险行为。

4.1.6 小结

（1）篮球运动员在竞赛情境下进行风险决策时受框架效应的影响，表现为篮球运动员在正框架下倾向选择保守方案，在负框架下倾向选择冒险方案，与经典框架效应表现模式相同。

---

① 付丽莎，李虹．框架效应的内在机制——以经验性和描述性决策为例[C]//中国心理学会．第二十届全国心理学学术会议——心理学与国民心理健康．重庆：中国心理学会，2017：230-240.

② 陈凡．在描述范式、经验范式下对风险决策的比较研究——以概率权重、反射效应和框架效应为例[D]．上海：复旦大学，2013.

③ TOET A, BROUWER A M, BOSCH K V D, et al. Effects of personal characteristics on susceptibility to decision bias : A literature study[J]. International journal of humanities and social sciences, 2016, 8(5): 1-17.

④ ASHILL N J, JOBBER D. Measuring state, effect, and response uncertainty: Theoretical construct development and empirical validation[J]. Journal of management, 2010, 36(5): 1278-1308.

⑤ ENGLICH B, SODER K. Moody experts—How mood and expertise influence judgmental anchoring[J]. Judgment & decision making, 2009, 4(1): 41-50.

⑥ BARON J. Thinking and deciding[M]. 4th ed. Cambridge: Cambridge University Press, 2008.

（2）不同性别、不同运动等级的篮球运动员在竞赛情境下进行风险决策时呈现出框架效应。不同性别的篮球运动员在框架效应下的风险决策行为差异不显著。不同运动等级的篮球运动员在框架效应下的风险决策行为差异显著，国家二级篮球运动员比国家一级及以上篮球运动员表现出了更明显的框架效应。

（3）运动年限较短（8～10 年）的篮球运动员在竞赛情境下进行风险决策时呈现出经典框架效应；运动年限较长（10 年及以上）的篮球运动员则在正、负框架下都倾向于选择冒险方案。

4.2 研究 2 时间压力与认知负荷对篮球运动员风险决策框架效应的影响研究

通过对已有研究的综述可以发现，在大部分情境下时间压力有增强框架效应的作用，而认知负荷有削弱框架效应的作用。在竞赛情境下，时间压力是否对篮球运动员风险决策框架效应产生影响，是起到增强作用，还是起到削弱作用？当篮球运动员面临各种认知负荷时，认知负荷是否会对篮球运动员风险决策框架效应产生影响，是使框架效应增强了，还是弱化了？另外，当篮球运动员同时面对时间压力和认知负荷时，篮球运动员的风险决策框架效应呈现怎样的变化规律？这些是本研究主要探讨的问题。

4.2.1 预实验

1. 研究目的

根据时间压力测定范式，通过预实验来测定篮球运动员在风险决策任务中引发时间压力的具体时间值。

2. 研究对象

选取天津体育学院的篮球运动员 30 人，其中有 15 名男运动员、15 名女运动员，均为国家二级以上运动员，曾参加过全国性比赛并获得团体前 8 名的成绩，训练年限在 8 年以上。此前未参加过此类决策实验。在实验前，要求所有篮球运动员认真阅读并签署知情同意书（附录 5）。所有被试均会获得一定报酬。

3. *研究方法*

1）时间压力的确定

采用 Benson 和 Beach 的研究方法来测定压力时间，即先测量出被试在无时间压力情境下完成决策任务需要的平均时间和标准差，再将该平均时间减去一个标准差的值（M-SD）作为时间压力情境中的决策时间[①]。在被试完成决策任务后，用时间压力问卷对被试进行时间压力感受的测量，来检验被试是否真正感受到了时间压力，进而保证实验数据的有效性。

2）实验材料

实验材料为篮球运动员风险决策实验材料。依据编制问卷的思路，编写实验材料。在实验中通过刺激图片形式向被试呈现框架效应的决策问题和备选决策方案，供被试选择。这些图片均由软件统一制作完成，将所有图片刺激制作成灰色（RGB：192，192，192）背景，将图片统一处理为 15cm×15cm，设置图片分辨率为 480 像素每英寸（1 英寸=2.54cm），并且统一亮度和对比度。框架效应研究中的决策方案需要以正性和负性两种框架呈现给被试，因此，在本实验中将同一组决策方案分别以正性和负性两种框架呈现给被试，从而形成正性和负性两类刺激材料。实验材料举例如图 4-11 和图 4-12 所示。

假设你正在参加一场重要比赛，当教练员在比赛中对你施加压力，要求你必须得分、不许失误时，接下来你有 6 次进攻投篮得分的机会，教练员预测有两种战术方案，使用结果可能如下，你会选哪一种方案？

A 方案：有 2 次机会肯定投中，即有 2 次进攻成功得分。

B 方案：有 1/3 的可能性 6 次全部投中，进攻成功；有 2/3 的可能性 6 次全部投不中，进攻失败。

图 4-11　备选决策方案——正框架

假设你正在参加一场重要比赛，当教练员在比赛中对你施加压力，要求你必须得分、不许失误时，接下来你有 6 次进攻投篮得分的机会，教练员预测有两种战术方案，使用结果可能如下，你会选哪一种方案？

A 方案：有 4 次机会肯定投不中，即 4 次进攻失败不得分。

B 方案：有 2/3 的可能性 6 次全部投不中，没有得分的机会；有 1/3 的可能性 6 次全部投中，进攻得分。

图 4-12　备选决策方案——负框架

3）实验程序和指导语

（1）实验程序。全部实验程序用 E-prime3.0 软件编写，由被试在计算机上完

① BENSON L III, BEACH L R. The effects of time constraints on the prechoice screening of decision options[J]. Organizational behavior & human decision processes, 1996, 67(2): 222-228.

成。在运动心理学实验室计算机房中个别施测，由被试打开程序，输入编号（被试编号由实验者给出），输入个人信息（包括姓名、性别、年龄、年级、运动等级）。被试阅读指导语，读懂指导语后按任意键进入练习和正式实验。被试两眼注视屏幕中心，眼睛距屏幕大约 70cm。在屏幕正中呈现黑色轮廓框 500ms，注视点“+”位于该框正中，用于提醒被试集中注意力，并不需要被试做出任何反应；在注视点“+”消失后，将随机出现 500～800ms 的空白间隔，随后出现 1500ms 的篮球运动决策问题及决策备选方案，并让被试使用键盘上相应的按键选择决策方案。预实验没有时间限制。无时间压力实验程序如图 4-13 所示。

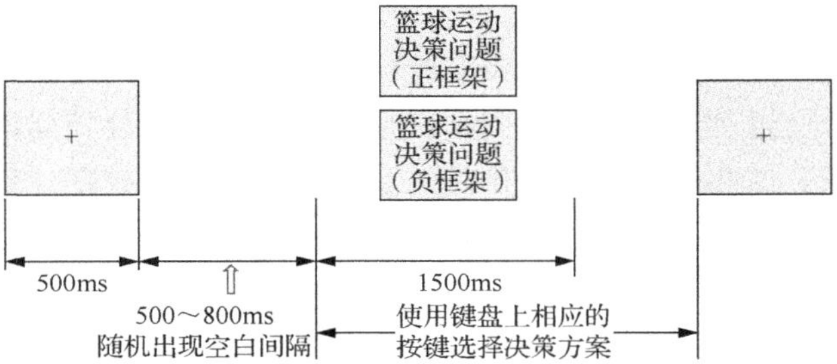

图 4-13　无时间压力实验程序

（2）实验指导语。指导语为：欢迎您参加本实验！本研究是调查篮球竞赛情境中的决策行为，请您以参与者的身份回答篮球竞赛情境下的决策问题，阅读完问题后按“B”键查看选择方案，每个问题都有两种方案，请您选出您认为最好的一种方案，选择方案 A 按“F”键，选择方案 B 按“J”键。答案无正误之分，请您在认真考虑后仔细回答。按任意键开始练习。

4）实验流程

30 名被试分别进行无时间压力情境下的风险决策问题测试，实验在 E-prime3.0 上呈现。在正式实验前，先进行 5 个练习实验，在实验前呈现指导语，告知被试实验没有时间限制，每页呈现一个决策情境问题，在被试做出选择后自动跳转到下一页，在被试熟悉实验流程后，进入正式实验。记录 30 名被试的风险偏好和决策反应时，实验结束后让被试填写焦虑状态量表和时间压力问卷。

4. 实验结果

结果显示，所有被试决策反应时的平均值为 7420.29ms，标准差为 6398.45ms，将平均值减去一个标准差的所得值 1021.84ms 作为时间压力条件下的决策时间，将研究中的时间压力确定为1021.84ms（表4-12）。同时，将时间压力程序中的时间压力值设置为1021.84ms。

表4-12 时间压力的设置

变量	决策反应时
平均时间（ms）	7420.29
标准差（ms）	6398.45
时间压力（ms）	1021.84

4.2.2 正式实验

1. 研究目的

通过设置时间压力和认知负荷模拟篮球比赛压力情境，要求篮球运动员在时间压力和认知负荷双重条件下完成风险决策任务，考察时间压力和认知负荷对篮球运动员风险决策框架效应的影响。

2. 研究假设

假设1，篮球运动员在竞赛情境下存在框架效应；假设2，篮球运动员在时间压力下的框架效应会增强；假设3，篮球运动员在认知负荷下的框架效应会减弱；假设4，当时间压力和认知负荷同时产生作用时，增强篮球运动员的认知负荷，可以削弱篮球运动员风险决策框架效应。

3. 研究方法

1）被试

选取篮球运动员26人，其中有18名男运动员、8名女运动员，均为国家二级以上运动员，平均年龄为20.23±1.83岁，曾参加过全国性比赛并获得团体前8名的成绩，训练年限在8年以上。所有篮球运动员均报告未参加过类似决策实验。在实验前，要求所有篮球运动员认真阅读并签署知情同意书。所有被试均会获得一定报酬。

2）实验设计

本研究采用2（认知负荷：高认知负荷/低认知负荷）×2（框架：正框架/负框架）×2（时间压力：有时间压力/无时间压力）被试内实验设计。

为控制无关变量对实验的影响，实验均在安静明亮的计算机房内进行；为被试呈现的实验刺激材料制作标准一致；被试完成决策任务时进行按键反应的输入设备保持一致；每个被试独立完成决策任务。为了排除决策任务呈现顺序可能对被试决策产生的影响，对决策任务呈现顺序进行了随机化处理。

为了避免被试疲劳和产生学习效应，在实验中要求每个具体刺激方案的呈现次数不能过多，因此作者将决策任务划分为多个篮球比赛中可能遇到的具体决策情境，包括运动员场上角色、教练员临场指挥策略、场上比分情况等情境。

3）研究工具

（1）时间压力问卷。选用由 Svenson 和 Benson 编制的时间压力问卷，该问卷共有 8 个题目，通过问卷中描述的感受与自身状态是否相符，来测量被试的时间压力感受[①]。王大伟对该问卷进行了修订，问卷的内部一致性系数为 0.93，具有较高的信效度[②]。问卷内容详见附录 6。

（2）焦虑状态量表。采用由 Spielberger 等于 1977 年编制并于 1983 年修订的焦虑状态/特质问卷（State-Trait Anxiety Inventory，STAI）中的焦虑状态量表。该问卷的内部一致性系数如下：T-AI 为 0.86～0.92，S-AI 为 0.83～0.92。该量表具有较高信效度[③]。问卷内容详见附录 7。

4）实验材料

（1）篮球运动员风险决策实验材料同预实验中的实验材料。

（2）认知负荷材料。基于本研究的实验目的，将被试随机分成两组，即高认知负荷组与低认知负荷组。参照程家萍等使用的双任务实验方法，认知负荷分为高负荷水平和低负荷水平，通过需要记忆的数字串长度来区分，在高认知负荷条件下，数字长度为 6；在低认知负荷条件下，数字长度为 2[④]（图 4-14 和图 4-15）。在实验中采用的数字串是由随机数字生成器生成的随机 2 位数和随机 6 位数。

① SVENSON O, BENSON L. Time pressure and stress in human judgment and decision making[M]. Berlin: Springer, 1993.

② 王大伟．决策制定过程中的时间压力效应[J]．心理研究，2009，2（6）：42-46．

③ SPIELBERGER C D, GORSUCH R L, LUSHENE R E, et al. Manual for the state-trait anxiety inventory (Form Y1-Y2)[J]. 1983, 7(3): 245-267.

④ 程家萍，罗跃嘉，崔芳．认知负荷对疼痛共情的影响：来自 ERP 研究的证据[J]．心理学报，2017，49（5）：9-22．

图 4-14 高认知负荷

图 4-15 低认知负荷

5）实验程序和指导语

（1）时间压力程序。此部分实验程序与预实验的实验程序基本相同，唯一不同的是告知被试本实验有时间限制，每个决策情境任务仅有 10s 左右的思考时间（根据预实验中测定的时间压力数值 1021.84ms），请被试在限制时间范围内按键选择决策方案。在实验中会显示倒计时，倒计时结束时实验自动结束。有时间压力实验结束后，要求被试填写时间压力问卷和焦虑状态量表。有时间压力实验程序如图 4-16 所示。

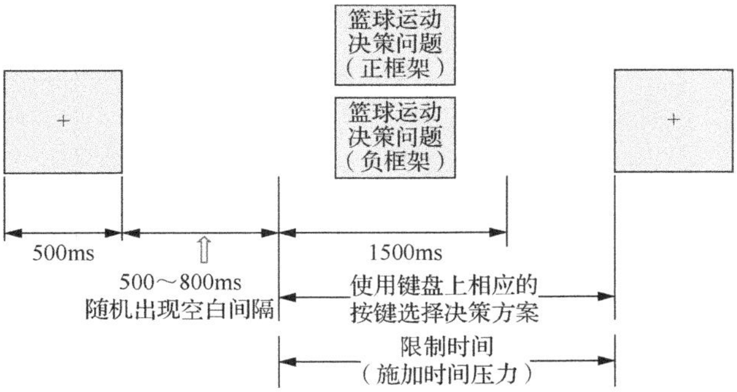

图 4-16 有时间压力实验程序

（2）时间压力指导语。指导语为：欢迎您参加本实验！屏幕中显示一个“+”注视点，这是提醒您开始实验并集中注视屏幕中央。请您以参与者的身份回答篮球竞赛情境下的决策问题，阅读完问题后按“B”键查看选择方案，每个问题都有两种方案，请您选出您认为最好的一种方案，选择方案 A 按“F”键，选择方案 B 按“J”键。本实验有时间限制，在反应页面上将显示剩余的反应时间，请用最快速度阅读材料并做出判断。现在将左手食指放在“F”键上，将右手食指放在

"J"键上，按任意键开始实验。

（3）认知负荷实验程序。高认知负荷实验程序为：首先呈现 500ms "+"；然后呈现 4000ms 需要记忆的 6 位数；随机出现另一串不需要记忆的数字串，随机出现 500～800ms 的空白间隔；最后出现的是 1500ms 的篮球运动决策问题及备选方案。选择决策方案后，随机出现 500～800ms 的空白间隔，要求被试在屏幕上选出刚刚记忆的数字串。在被试选择数字串后，将自动过渡到下一个测试（图 4-17）。

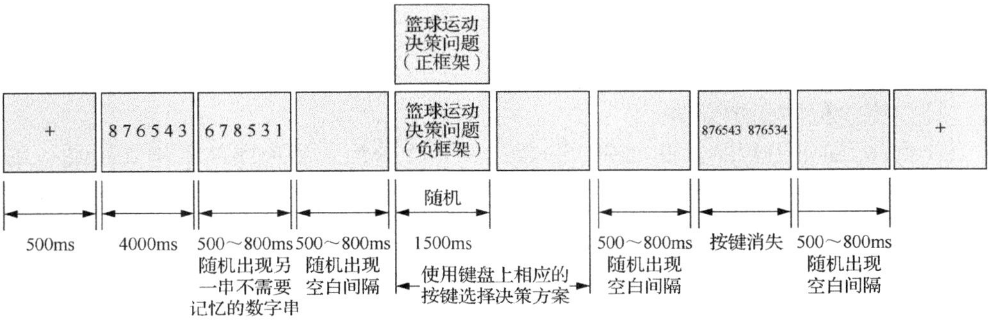

图 4-17　高认知负荷实验程序

低认知负荷实验程序与高认知负荷实验程序基本相同，唯一不同的是 6 位数字串换为 2 位数字串（图 4-18）。

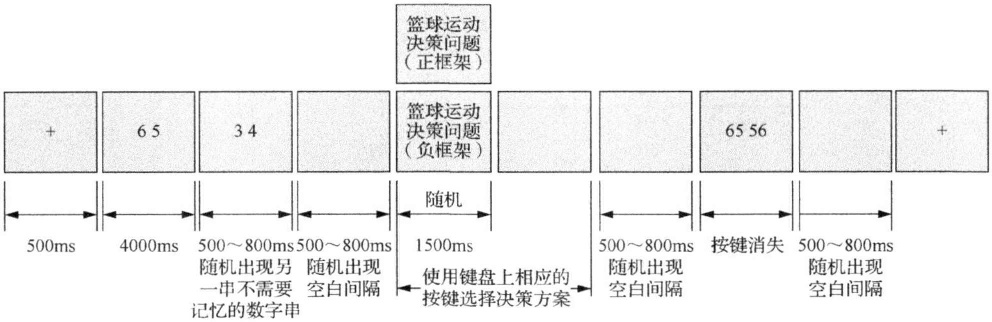

图 4-18　低认知负荷实验程序

（4）认知负荷指导语。高认知负荷指导语为：欢迎您参加本实验！本实验是调查篮球竞赛情境中的决策行为。在屏幕中显示一个"+"注视点，这是提醒您开始实验并集中注视屏幕中央。首先，您将完成一项记数任务，在屏幕中将出现一个 6 位的数字串，您要记下数字串。数字串消失后，会出现一个 6 位数字串的干扰项。然后，请您以参与者的身份回答篮球竞赛情境下的决策问题，阅读完问题后按“B”键查看选择方案，每个问题都有两种方案，请您选出您认为最好的一种方案，选择方案 A 按“F”键，选择方案 B 按“J”键。做出选择后，您要在随后出现的两串数字串中使用键盘上相应的按键选出与先前记住的数字串一样的选项，选择左侧数字串按“F”键，选择右侧数字串按“J”键。现在将左手食指放在“F”键上，将右手食指放在“J”键上，按任意键开始实验。

低认知负荷指导语与高认知负荷指导语基本相同，唯一不同的是低认知负荷呈现的是 2 位数字串。

（5）时间压力与认知负荷实验程序。时间压力与认知负荷实验程序与认知负荷实验程序基本相同，唯一不同的是给被试施加时间压力，提醒被试本实验有时间限制，在反应页面上显示剩余的反应时间，请被试用最快速度阅读材料并做出判断。有时间压力下高、低认知负荷实验程序如图 4-19 和图 4-20 所示。

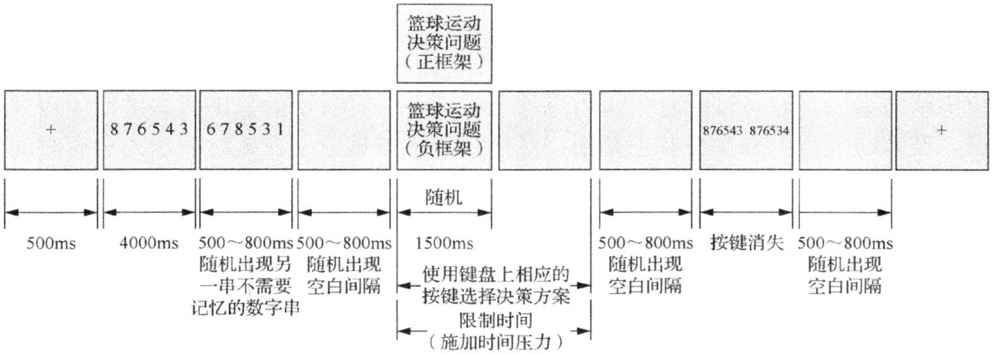

图 4-19 有时间压力下高认知负荷实验程序

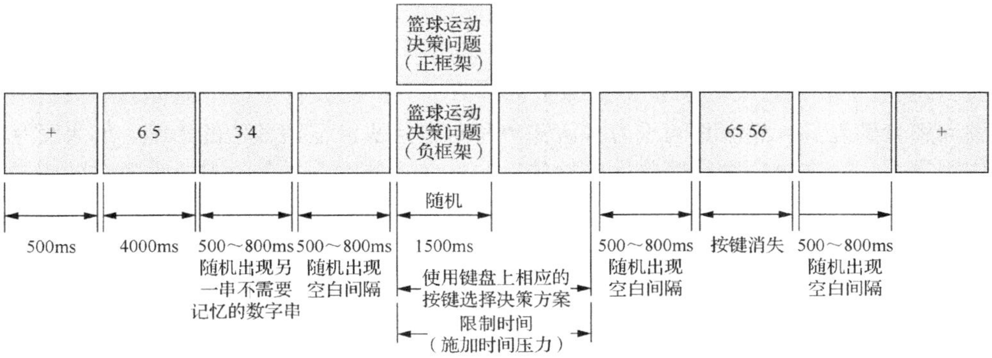

图 4-20 有时间压力下低认知负荷实验程序

（6）时间压力与认知负荷指导语。时间压力与高认知负荷指导语为：欢迎您参加本实验！本实验是调查篮球竞赛情境中的决策行为。在屏幕中显示一个“+”注视点，这是提醒您开始实验并集中注视屏幕中央。首先，您将完成一项记数任务，在屏幕中将出现一个6位的数字串，您要记下数字串。在数字串消失后，会出现一个6位数字串的干扰项。然后，请您以参与者的身份回答篮球竞赛情境下的决策问题，阅读完问题后按“B”键查看选择方案，每个问题都有两种方案，请您选出您认为最好的一种方案，选择方案A按“F”键，选择方案B按“J”键。做出选择后，您要在随后出现的两串数字中使用键盘上相应的按键选出与先前记住的数字串一样的选项，选择左侧数字串按“F”键，选择右侧数字串按“J”键。本实验有时间限制，在反应页面上将显示剩余的反应时间，请被试用最快速度阅读材料并做出判断。现在将左手食指放在“F”键上，将右手食指放在“J”键上，按任意键开始练习。

时间压力与低认知负荷指导语与时间压力与高认知负荷指导语基本相同，唯一不同的是低认知负荷呈现的是2位数字串。

6）实验步骤

正式实验测试在安静的实验室内进行。首先，要求被试填写时间压力问卷和焦虑状态量表，对被试的时间压力进行5点评分，对被试的焦虑状态进行4点评分，获得时间压力和焦虑状态基值；然后，要求被试分别在无时间压力和有时间压力条件下进行认知负荷—风险决策双任务测试；测试完成后再次要求被试填写时间压力问卷和焦虑状态量表，获得后测时间压力值和焦虑状态值。

7）数据分析

分析篮球运动员完成认知任务时的行为数据，以及完成竞赛情境下风险决策任务时的行为数据。风险决策问卷计分方法同研究1。

使用SPSS27.0统计学软件分别对正、负框架下篮球运动员选择冒险方案的得分进行统计分析，采用平均数和标准差描述数据基本结果。采用配对样本 t 检验比较记忆任务的反应时、时间压力和焦虑状态得分的差异，考察时间压力及认知负荷诱发的有效性。采用 2×2×2 重复测量方差分析比较各条件下篮球运动员冒险倾向得分的差异，验证时间压力和认知负荷对风险决策框架效应的影响。如果交互作用显著，则进一步进行简单效应检验；如果交互作用不显著，则检验各主效应是否显著，显著性水平为 $p<0.05$。采用Greenhouse Geisser法矫正自由度和 p 值。

4. 结果与分析

1）被试分布情况

本研究共有26名被试参加了实验，被试平均年龄为（20.23±1.83）岁，基本情况如表 4-13 所示。

表 4-13 被试基本情况

单位：人

被试类型		人数
性别	男性	18
	女性	8
运动等级	国家一级及以上	16
	国家二级	10

2）检验时间压力的诱发效果

首先，对实验前后篮球运动员时间压力问卷的得分进行配对样本 t 检验后发现，实验前测值为 16.92±7.52，实验后测值为 33.65±12.82，t=−17.27，p<0.000，完成任务后的时间压力值显著高于做任务前，这说明篮球运动员是在时间压力下完成风险决策任务的，时间压力设置有效。其次，对有时间压力组在完成实验前后的焦虑状态进行配对样本 t 检验后发现，实验后测值（82.04±16.55）显著高于实验前测值（40.96±8.29），t=−23.99，p<0.000，这表明时间压力显著地诱发了被试的焦虑情绪，进一步说明时间压力设置有效。

分析对比高认知负荷组和低认知负荷组的反应时，通过配对样本 t 检验结果发现，高认知负荷组的反应时（2230.62±529.26）显著高于低认知负荷组的反应时（1590.07±725.85），t=−7.75，p<0.001，这说明认知负荷设置有效。

实验操作的有效性检验如表 4-14 所示。

表 4-14 实验操作的有效性检验

变量	水平	N（被试数）	M（平均数）	SD（标准差）	t（统计量）	p（显著性）
时间压力	基线	26	16.92	7.52	-17.27^{***}	<0.001
	后测	26	33.65	12.82		
焦虑量表	基线	26	40.96	8.29	-23.99^{***}	<0.001
	后测	26	82.04	16.55		
认知负荷	低负荷	26	1590.07	725.85	-7.75^{***}	<0.001
	高负荷	26	2230.62	529.26		

***p<0.001。

3）篮球运动员风险决策倾向在时间压力、认知负荷条件下的描述性统计分析

（1）篮球运动员风险决策倾向在时间压力下的描述性统计分析。由表4-15可知，在无时间压力情境下，篮球运动员在正框架下冒险倾向得分为3.02±0.26，在负框架下冒险倾向得分为4.64±0.33；在有时间压力情境下，篮球运动员在正框架下冒险倾向得分为2.94±0.28，在负框架下冒险倾向得分为4.31±0.35。因此，在有、无时间压力下，篮球运动员在竞赛情境下均存在框架效应。

表4-15　不同时间压力下篮球运动员冒险倾向得分描述性统计结果

时间压力	框架类型	*M*	SD	*N*
无时间压力	正框架	3.02	0.26	26
	负框架	4.64	0.33	26
有时间压力	正框架	2.94	0.28	26
	负框架	4.31	0.35	26

（2）篮球运动员风险决策倾向在认知负荷下的描述性统计分析。由表4-16可知，在低认知负荷下，篮球运动员在正框架下风险决策冒险倾向得分为3.23±0.27，在负框架下风险决策冒险倾向得分为4.71±0.34；在高认知负荷下，篮球运动员在正框架下风险决策冒险倾向得分为2.73±0.25，在负框架下风险决策冒险倾向得分为4.23±0.37。由此可见，无论是在高认知负荷条件下，还是在低认知负荷条件下，篮球运动员均受到框架效应的影响。

表4-16　不同认知负荷下篮球运动员冒险倾向得分描述性统计结果

认知负荷	框架类型	*M*	SD	*N*
低认知负荷	正框架	3.23	0.27	26
	负框架	4.71	0.34	26
高认知负荷	正框架	2.73	0.25	26
	负框架	4.23	0.37	26

4）时间压力、认知负荷对篮球运动员风险决策框架效应的影响

对实验数据进行重复测量方差分析，结果如表4-17所示。

表 4-17 不同时间压力、认知负荷和框架类型下篮球运动员冒险倾向得分描述性统计结果

时间变量	认知负荷	框架类型	M	SD	N
无时间压力	低认知负荷	正框架	3.27	1.76	26
		负框架	4.88	1.80	26
	高认知负荷	正框架	2.77	1.45	26
		负框架	4.38	1.92	26
有时间压力	低认知负荷	正框架	3.19	2.10	26
		负面架	4.54	2.04	26
	高认知负荷	正面框架	2.69	1.38	26
		负面框架	4.08	2.08	26

由表 4-18 可知，时间压力的主效应 $F_{(1,25)}$=1.23（1 代表组间自由度，25 代表组内自由度），p=0.28，η^2=0.05，时间压力主效应不显著；认知负荷的主效应 $F_{(1,25)}$=5.60，p=0.026，η^2=0.18，认知负荷主效应显著；框架效应的主效应 $F_{(1,25)}$=16.80，p=0.000，η^2=0.40，框架效应的主效应非常显著。时间压力与认知负荷的交互作用不显著，$F_{(1,25)}$=0.002，p=0.97，η^2=0.00；时间压力与框架的交互作用不显著，$F_{(1,25)}$=0.56，p=0.46，η^2=0.02；认知负荷与框架的交互作用不显著，$F_{(1,25)}$=0.004，p=0.95，η^2=0.000；时间压力、认知负荷与框架类型三者的交互作用不显著，$F_{(1,25)}$=0.004，p=0.95，η^2=0.00。

表 4-18 时间压力、认知负荷对风险决策框架效应影响的方差分析表

变量	df（自由度）	F（统计量）	p	η^2（效应量）
时间压力	1	1.23	0.28	0.05
认知负荷	1	5.60	0.026*	0.18
框架类型	1	16.80	<0.001 ***	0.40
时间压力×认知负荷	1	0.002	0.97	0.00
时间压力×框架类型	1	0.56	0.46	0.02
认知负荷×框架类型	1	0.004	0.95	0.00
时间压力×认知负荷×框架类型	1	0.004	0.95	0.00

*p<0.05。

***p<0.001。

数据结果显示，框架类型的主效应显著，$F_{(1,25)}$=16.80，p<0.001，因此进行两两比较。通过比较发现，正、负框架下篮球运动员风险决策倾向差异具有统计学意义（p=0.000），差值为1.490（95%置信区间为：0.74～2.24）；篮球运动员在正框架下进行风险决策时倾向保守，在负框架下进行风险决策时倾向冒险。因此，篮球运动员在竞赛情境下存在框架效应；在比赛中，篮球运动员进行风险决策时会受到框架效应的影响，表现为在负框架下比在正框架下更倾向选择冒险行为。

同样，由表4-18可知，认知负荷的主效应 $F_{(1,25)}$=5.60，p=0.026<0.05，认知负荷主效应显著，因此进行两两比较。通过比较发现，高、低认知负荷下篮球运动员的风险决策偏好差异具有统计学意义（p=0.026），差值为0.490（95%置信区间为：0.06～0.92）；低认知负荷下篮球运动员在进行风险决策时更倾向冒险，而高认知负荷下篮球运动员在进行风险决策时更倾向保守。因此，篮球运动员在认知负荷情境下存在框架效应；同时，认知负荷对篮球运动员的风险决策倾向产生了影响，篮球运动员在高认知负荷情境下比在低认知负荷情境下更倾向规避风险，选择保守行为（图4-21）。

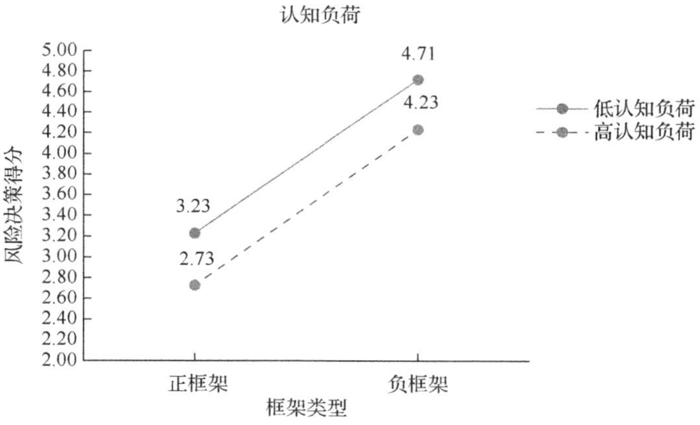

图4-21　认知负荷与框架类型关系

5. 讨论

1）篮球运动员在竞赛情境下存在框架效应

时间压力和认知负荷的数据分析结果显示，无论是在时间压力情境下，还是在认知负荷情境下，篮球运动员都存在框架效应，因此可以判断研究假设1得到了验证，篮球运动员在竞赛情境下存在风险决策框架效应。这与国内外大量研究[①②③④]的结论是一致的，即在运动竞赛情境下运动员会产生框架效应。

2）时间压力对篮球运动员风险决策框架效应的影响

前人研究发现，决策情境不同，时间压力与风险决策框架效应的关系也不同，目前主要有 3 种观点：一是时间压力会使已形成的框架效应重新得到组织，从而使人们的决策更倾向保守，增强了框架效应[⑤⑥]；二是时间压力削弱了框架效应[⑦]；三是时间压力对框架效应无影响[⑧]。

本研究实验结果与前人研究的第三种观点相同，即篮球运动员在竞赛情境下，有、无时间压力时的风险决策框架效应差异并不显著，即时间压力对篮球运动员的风险决策框架效应未产生影响。因此，本研究假设 2 未能得到验证。本研究假设 2 未能得到验证的可能原因如下：一是模拟情境与真实情境有差距。研究 1 虽然用时间倒计时来模拟比赛场上时间紧迫的情境，但和实际比赛场上篮球运动员遇到的真实时间压力相比有一定差距，篮球运动员的真实参与感相对较低，因此有可能造成有时间压力和无时间压力情境下风险决策框架效应没有显著差异。二是实验中风险决策任务的呈现形式。篮球运动员在实验中面对的风险决策任务都是在不同竞赛情境下对不同的任务做出决策，这些风险决策任务呈现的形式是相似的，同时实验材料是以文字的形式呈现的，对篮球运动员来说，时间紧任务重，很有可能为了按时完成决策任务被迫做出很多随机的选择。三是在真实竞赛情境中，时间压力确实对篮球运动员风险决策框架效应没有产生直接影响，或者通过与其他变量交互作用对风险决策产生影响，或者与其他变量综合起来时时间压力

---

① 杨勇涛，张忠秋，李旭鸿，等．排球运动员心理韧性和风险决策行为的关系[J]．中国运动医学杂志，2015，34（7）：681-687.

② YI S, BAUMGARTNER H. Motivational compatibility and the role of anticipated feelings in positively valenced persuasive message framing[J]. Psychology & marketing, 2010, 25(11): 1007-1026.

③ MILCH K F, WEBER E U, APPELT K C, et al. From individual preference construction to group decisions: Framing effects and group processes[J]. Organizational behavior and human decision processes, 2009, 108(2): 242-255.

④ VREESE C D, KANDYLA A. News framing and public support for a common foreign and security policy[J]. Jcms journal of common market studies, 2009, 47(3): 453-481.

⑤ ZUR H B, BREZNITZ S J. The effect of time pressure on risky choice behavior[J]. Acta psychologica, 1981, 47(2): 89-104.

⑥ 刘涵慧，周洪雨，车宏生．时间压力、个人相关性对不同类型框架下决策的影响[J]．心理学探新，2008，28（4）：27-30.

⑦ 胡伟国，胡瑜．时间压力对风险决策中框架效应的影响[J]．心理科学，2009，32（3）：694-696.

⑧ HUBER O, KUNZ U. Time pressure in risky decision-making: Effect on risk defusing[J]. Psychology science, 2007, 49(2): 523-546.

对框架效应的作用被抵消了。因此，对时间压力的具体作用机制还需要进一步研究探讨。

3）认知负荷对篮球运动员风险决策框架效应的影响

本研究结果显示，认知负荷对篮球运动员的风险决策框架效应未产生显著影响，但认知负荷对篮球运动员的风险偏好产生了影响。篮球运动员在高认知负荷情境下比在低认知负荷情境下更倾向规避风险，选择保守行为。本研究假设 3 未得到验证。但此结论与 Martino 等研究的结论一致，认知负荷对框架效应不产生影响[①]。

结果产生的原因可能与篮球运动员风险决策过程中的认知加工方式有关。根据决策双系统理论观点，决策过程分为启发式加工和分析式加工，这两种不同的加工方式是竞争关系，决定最终决策结果的是占优势的一方[②③④]。根据信息双系统理论的观点，认知负荷往往对启发式加工影响较小，对分析式加工的影响较大。在本研究中，认知负荷对框架效应的影响并不显著，可能是因为在框架效应中启发式加工起主要作用，而分析式加工的作用较弱。Kahneman 等认为，个体同时处理信息的认知资源是有限的，但大脑处理信息的过程非常灵活，个体的认知系统会拿出一定分量的资源对刺激进行分析，大脑可以灵活地控制和调节这个过程，将有限的资源向更加重要的信息转移[⑤]。在控制和调节过程中，存在一个被称为“加工权限”的资源，它在控制和调节过程中起着非常重要的作用。“加工权限”会对与认知任务相关的信息资源赋予更多的加工权限，对与任务无关的分心刺激赋予较少的加工权限甚至是抑制其耗费认知资源。根据认知负荷理论观点，过高的认知负荷会减少用于存储“加工权限”的认知资源，此时对分心刺激的加工不能被有效抑制。有研究表明，与低认知负荷相比，在高认知负荷下，分心刺激会获得更多的注意，从而被更好地加工[⑥]。多项研究结果表明，高认知负荷会提高个

---

① MARTINO B D, KUMARAN D, SEYMOUR B, et al. Frames, biases, and rational decision-making in the human brain[J]. Science, 2006, 313(5787): 684-687.

② KAHNEMAN D, FREDERICK S. Representativeness revisted: Attribute substitution in intuitive judgement[M]. Cambridge: Cambridge University Press, 2002.

③ CLEEREMANS A. Learning and consciousness: A graded, dynamical perspective[J]. 2002, 35(2):423-433.

④ BURNS B D, VOLLMEYER R. Goal specificity effects on hypothesis testing in problem solving[J]. Quarterly journal of experimental psychology a human experimental psychology, 2002, 55(1): 241-261.

⑤ KAHNEMAN D, BEN-ISHAI R, LOTAN M. Relation of a test of attention to road accidents[J]. Journal of applied psychology, 1973, 58(1): 113-115.

⑥ LAVIE N, HIRST A, FOCKERT J W D, et al. Load theory of selective attention and cognitive control[J]. Journal of experimental psychology general, 2004, 133(3): 339-354.

体对分心刺激的加工程度[①②]。在本研究中，对于篮球运动员来说，篮球竞赛情境是与自身联系最为紧密和最为熟悉的决策情境，因此篮球运动员会把比赛中遇到的决策任务看得更重要，他们会把有限的认知资源分配到决策任务上，即“加工权限”赋予决策任务更多的认知资源，而框架效应会作为分心刺激而存在。此时，虽然增加认知负荷会提高对框架效应这个分心刺激的认知加工，但篮球运动员可能更多采用启发式加工，而不是分析式加工，因此认知负荷对框架效应未产生显著的影响。但需要注意的是，分析式加工也起到了一定作用，它使得篮球运动员在风险偏好上发生了改变，变得更加保守。因此，在比赛场上，如果想让篮球运动员采取保守的策略，教练员就可以通过增加篮球运动员的认知负荷，如让篮球运动员更多关注场上双方队员的位置变化或对方的进攻策略等，使篮球运动员稳抓稳打，赢得比赛。

6. 小结

（1）在竞赛情境下，篮球运动员无论面对时间压力还是面对认知负荷，都会受到框架效应的影响。

（2）在竞赛情境下，时间压力对篮球运动员风险决策框架效应未产生影响。

（3）认知负荷对篮球运动员风险决策倾向产生影响，篮球运动员在高认知负荷情境下比在低认知负荷情境下更倾向规避风险，选择保守行为。

（4）时间压力与认知负荷未同时对篮球运动员风险决策框架效应产生作用，无论是在有时间压力、高低认知负荷情境下，还是在无时间压力、高低认知负荷情境下，篮球运动员都表现为在正框架下倾向于保守行为，在负框架下倾向于冒险行为。

4.3 研究 3　愉悦情绪和恐惧情绪对篮球运动员风险决策框架效应的影响研究

在研究 2 中发现，时间压力对风险决策框架效应主效应影响不显著。因此，在接下来的研究中不再考虑时间压力变量，将验证具体情绪对篮球运动员风险决

① KONSTANTINOU N, BEAL E, KING J R, et al. Working memory load and distraction: Dissociable effects of visual maintenance and cognitive control[J]. Attention perception & psychophysics, 2014, 76(7): 1985-1997.

② LV J Y, WANG T, JIANG Q, et al. The electrophysiological effect of working memory load on involuntary attention in an auditory - visual distraction paradigm: An ERP study[J]. Experimental brain research, 2010, 205(1): 81-86.

策框架效应的影响。

已有研究发现，普通人群的愉悦和恐惧情绪会增强风险决策框架效应，使得个体做出非理性决策。因此，篮球运动员这个特殊群体在比赛场上面临竞赛情境下的决策任务时，愉悦和恐惧情绪对其风险决策框架效应会产生怎样的影响？这些影响会呈现怎样的特点？这些值得我们进行研究和探讨。

4.3.1 研究目的

本研究通过诱发篮球运动员愉悦和恐惧的情绪状态，考察情绪对篮球运动员风险决策框架效应的影响。

4.3.2 研究假设

假设 1：在愉悦和恐惧情绪下，篮球运动员进行风险决策时均会受到框架效应的影响。

假设 2：愉悦和恐惧情绪可以影响篮球运动员风险决策框架效应，具体表现为愉悦情绪和恐惧情绪均可以增强框架效应。

4.3.3 研究方法

1. 被试

选取男、女篮球运动员共 90 人为被试，被试均为国家二级以上运动员，曾参加过全国性比赛并获得团体前 8 名的成绩，训练年限在 8 年以上。所有篮球运动员均报告未参加过类似决策实验。在实验前，要求所有篮球运动员认真阅读并签署知情同意书。所有被试均会获得一定报酬。

将被试分为 3 组，第一组为对照组，共 30 人；第二组为愉悦情绪组，共 30 人；第三组为恐惧情绪组，共 30 人。剔除诱发情绪无效的被试后，对照组为 27 人，愉悦情绪组为 20 人，恐惧情绪组为 23 人（表 4-19）。

表 4-19　被试分布情况

组别	男运动员人数（人）	女运动员人数（人）	总人数（人）
对照组	18	9	27
愉悦情绪组	12	8	20
恐惧情绪组	18	5	23

单因素方差分析结果显示，3 组篮球运动员之间冒险倾向得分不存在显著性差异（表 4-20）。

表 4-20　3 组篮球运动员冒险倾向得分比较

框架变量	情绪组别	*M*	SD	*N*	*F*	*p*
正框架冒险倾向	愉悦情绪组	4.95	1.76	20	0.08	0.92
	恐惧情绪组	4.83	2.10	23		
	对照组	4.74	1.43	27		
负框架冒险倾向	愉悦情绪组	5.30	2.11	20	0.30	0.74
	恐惧情绪组	5.35	1.72	23		
	对照组	5.67	1.62	27		

2. 实验设计

本实验采用 3（情绪类型：愉悦情绪组/恐惧情绪组/对照组）×2（框架类型：正框架/负框架）混合实验设计。框架类型和情绪类型均是被试间变量，而因变量为被试选择两种方案的得分。

为控制无关变量对实验的影响，本实验均在安静明亮的计算机房内进行；为被试呈现的实验刺激材料制作标准一致；被试完成决策任务时进行按键反应的输入设备保持一致；每个被试独立完成决策任务。为了排除决策任务呈现顺序可能对被试决策产生的影响，本实验对决策任务的呈现顺序进行了随机化处理。

为了避免被试疲劳和产生学习效应，本实验要求每个具体刺激方案的呈现次数不能过多。因此，作者将决策任务划分为多个篮球比赛中可能遇到的具体决策情境，包括运动员场上角色、教练员临场指挥策略、场上比分情况等情境。

3. 研究工具

情绪自评量表。

采用 Watson 等编制的正性情绪和负性情绪量表来评定被试的情绪状态①。2004 年，国内学者张卫东等对该量表的内部一致性进行了检验，结果表明该量表内部一致性系数达到 0.87，具有较高的信效度②。该量表在国内研究中被广泛使用，具有跨文化的一致性，因此可以用来测量中国篮球运动员的情绪。

该量表分为两个维度，共有 20 种情绪，具体如下：积极情绪（10 种）、消极情绪（10 种）。采用 5 点评分。此外，有些研究者根据研究需要，参照正性情绪和负性情绪量表选择其中的 6 种或 7 种情绪项目组成简版的情绪自评量表。例如，6 种情绪项目包括恐惧、愉悦、愤怒、悲伤、兴奋、自豪③④。作者根据研究需要，采用包含 6 种基本情绪的简版情绪自评量表（愉悦、悲伤、恐惧、愤怒、自豪、兴奋），对愉快和恐惧情绪进行 5 点评分，获得篮球运动员的情绪值。量表内容详见附录 8。

4. 实验材料

（1）风险决策实验材料。本实验的风险决策实验材料同研究 2 中篮球运动员风险决策实验材料。

（2）情绪诱发材料。通过对前人情绪诱发方法的比较，发现用播放视频的方法诱发情绪直接而有效，具有真实性、情境性等特点。同时，相关研究证明了此种方法是有效的⑤⑥⑦。因此本实验采取播放视频的方法诱发篮球运动员的情绪。

通过问卷调查和专家访谈的方式获得信息显示，结果显示运动员受伤的图片和视频最能诱发篮球运动员的恐惧情绪，篮球搞笑视频和篮球明星赛视频最能诱发篮球运动员的愉悦情绪。因此，采用要求篮球运动员观看受伤视频的方式诱发

① WATSON D, CLARK L A, TELLEGEN A. Development and validation of brief measures of positive and negative affect - the panas scales[J]. Journal of personality and social psychology, 1988, 54(6): 1063-1070.

② 张卫东，刁静，SCHICK C J. 正、负性情绪的跨文化心理测量：PANAS 维度结构检验[J]. 心理科学，2004（1）：77-79.

③ 黄晓峰. 情绪对个体决策影响的实验研究[D]. 重庆：重庆大学，2010.

④ 杨昭宁，禹钰，谭旭运. 情绪对成就动机与风险决策关系的调节效应[J]. 应用心理学，2011，17(2)：116-122.

⑤ 庄锦英. 情绪与决策的关系[J]. 心理科学进展，2003，11（4）：423-431.

⑥ 王翠玲. 不同情绪状态对认知任务类型影响的实验研究[D]. 上海：华东师范大学，2004.

⑦ 徐辉. 情绪对风险决策和判断的影响的实验研究[D]. 上海：华东师范大学，2005.

篮球运动员的恐惧情绪；选取篮球比赛中运动员的受伤视频片段剪辑在一起，用来诱发篮球运动员的恐惧情绪，视频时长为 10 分钟。选取 NBA 篮球比赛中著名球员的进攻、运球、投篮、扣篮等经典片段，篮球明星扣篮大赛经典片段及篮球比赛中的搞笑视频剪辑在一起，用来诱发篮球运动员的愉悦情绪，视频时长为 10 分钟。情绪诱发材料制作完成后，选取 30 名篮球运动员（男、女各 15 名）观看视频材料，在观看前和观看后要求篮球运动员填写简版情绪自评量表，进行情绪自评。

对情绪诱发前、后篮球运动员的愉悦情绪和恐惧情绪量表得分分别进行配对样本 t 检验（表 4-21），结果发现愉悦情绪基线值为 2.03±1.00，愉悦情绪后测值为 3.70±0.99，愉悦情绪后测值显著高于愉悦情绪基线值，$t=-9.18$，$p<0.001$；恐惧情绪基线值为 1.07±0.37，恐惧情绪后测值为 3.90±1.03，恐惧情绪后测值显著高于恐惧情绪基线值，$t=-15.22$，$p<0.001$。以上结果表明本研究制作的情绪视频材料能有效诱发被试的愉悦情绪和恐惧情绪。

表 4-21　情绪材料诱发有效性检验

变量	前后测	N	M	SD	t	p
愉悦情绪	基线	30	2.03	1.00	-9.18^{***}	<0.001
	后测	30	3.70	0.99		
恐惧情绪	基线	30	1.07	0.37	-15.22^{***}	<0.001
	后测	30	3.90	1.03		

$^{***}p<0.001$。

5. 实验程序和指导语

1）实验程序

（1）愉悦情绪实验程序。在实验开始前，首先要求被试填写情绪自评量表，获得被试情绪基线值。然后为被试播放能够诱发愉悦情绪的视频材料，时长共 10 分钟，诱发被试愉悦情绪。在观看结束后再次要求被试填写情绪自评量表，判断愉悦情绪是否诱发成功。最后启动风险决策框架效应程序，内容同研究 2 中篮球运动员风险决策任务（图 4-22）。

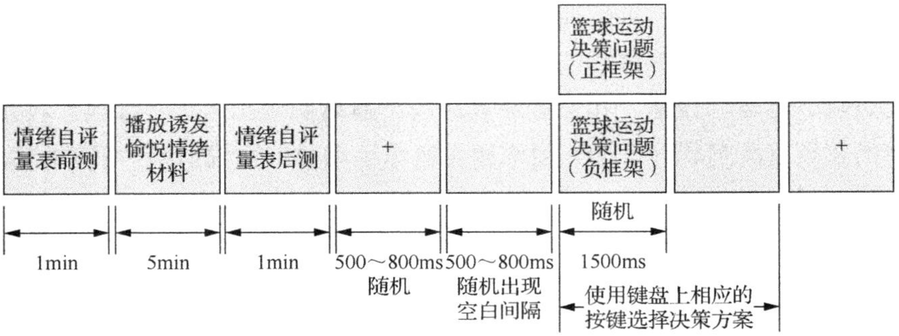

图 4-22　愉悦情绪实验程序

（2）恐惧情绪实验程序。恐惧情绪实验程序与愉悦情绪实验程序基本相同，唯一不同的是为被试播放诱发恐惧情绪的视频材料（图 4-23）。

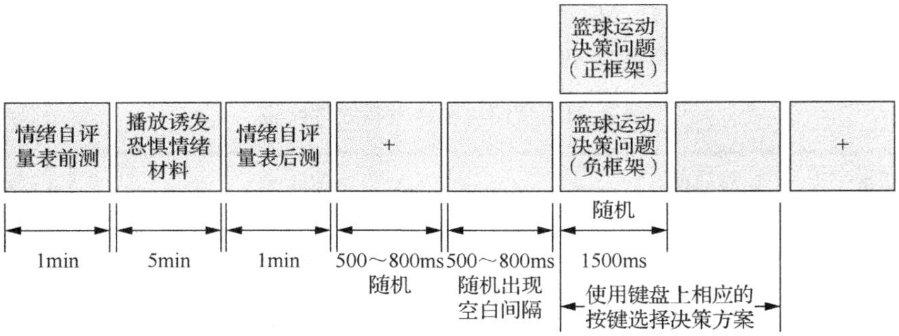

图 4-23　恐惧情绪实验程序

为了保证情绪诱发的有效性和持续性，在实验测试过程中，要求被试分 2 次观看诱发情绪的视频材料，第一次是在情绪自评量表前测结束后要求被试观看 5 分钟视频，第二次是在决策任务完成一半后再要求被试观看 5 分钟视频，并在整个视频和决策任务全部完成后要求被试再填写一次情绪自评量表。

（3）对照组实验程序。对照组实验程序与愉悦情绪实验程序基本相同，唯一不同的是被试不观看诱发情绪的视频材料（图 4-24）。

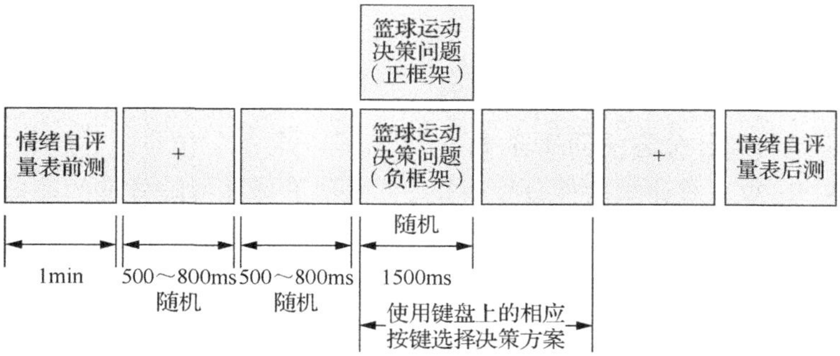

图 4-24　控制组情绪实验流程图

2）实验指导语

情绪自评量表指导语为：您好，下面共有 6 个形容词，请您根据自己现在的真实感受或体验，回答您此时此刻在多大程度上体验到了这些情绪或感受，并在括号内填入相应的数字。回答无好坏对错之分，但请务必真实！

风险决策任务指导语为：欢迎您参加本实验！本实验是调查篮球竞赛情境中的决策行为。屏幕中显示一个“+”注视点，这是提醒您开始实验并集中注视屏幕中央。请您以参与者的身份回答篮球竞赛情境下的决策问题，阅读完问题后，每个问题都有两种方案，请您选出您认为最好的一种方案，选择方案 A 按“F”键，选择方案 B 按“J”键。本实验没有时间限制，请认真阅读思考后做出反应。现在将左手食指放在“F”键上，右手食指放在“J”键上，按任意键开始练习。

6. 实验步骤

本实验在天津体育学院运动心理学实验室多媒体教室内进行。在实验前，首先告知被试本实验的过程、实验要完成的内容、实验的环节、实验中可能遇到的特殊情况，对于恐惧情绪组被试观看的受伤视频，告知其可能带来的不适，并告知被试如果感觉不适可立即自行停止观看视频，并向主试举手示意。被试表示理解所有实验事宜后，填写个人相关资料，并签署知情同意书。

被试共分为 3 组，愉悦情绪组、恐惧情绪组和对照组。愉悦情绪组和恐惧情绪组的被试在观看视频材料前后分别填写情绪自评量表，对照组被试不观看视频材料，但需要像其他两组一样填写情绪自评量表。3 组被试分别完成篮球风险决策任务。

在实验结束后，为恐惧情绪组被试播放搞笑视频，调节安抚被试情绪。向所有被试赠送礼物，并对恐惧情绪组被试表示抱歉，进行适当安抚，再次对其参与本次实验表示感谢。

7. 数据分析

风险决策问卷计分方法同研究 1。

使用 SPSS27.0 统计学软件分别对正、负框架下选择冒险方案的篮球运动员的得分进行统计分析，采用平均数和标准差描述数据基本结果。采用配对样本 t 检验比较情绪量表得分的差异，考察情绪诱发的有效性。采用 3×2 重复测量方差分析比较各条件下篮球运动员冒险倾向得分的差异，验证情绪对风险决策框架效应的影响。如果交互作用显著，则进一步进行简单效应检验；如果交互作用不显著，则检验各主效应是否显著，显著性水平为 $p<0.05$。采用 Greenhouse Geisser 法矫正自由度和 p 值。

4.3.4 结果与分析

1. 情绪诱发的有效性检验

将愉悦情绪组、恐惧情绪组被试观看视频前、后情绪分数的变化量分别与对照组被试的情绪变化量进行配对样本 t 检验，描述性统计及效果检验结果如表 4-22 和表 4-23 所示。

表 4-22 愉悦情绪诱发效果的描述性统计及效果检验结果

组别	*M*			SD	*t*	*p*
	后测	前测	后测-前测			
愉悦情绪组	3.78	2.09	1.70	1.06	5.25^{***}	<0.000
对照情绪组	2.73	3.03	−0.30	1.29		

$^{***}p<0.001$。

表 4-23 恐惧情绪诱发效果的描述性统计及效果检验结果

组别	*M*			SD	*t*	*p*
	后测	前测	后测-前测			
恐惧情绪组	3.93	1.07	2.85	0.99	10.95^{***}	<0.000
对照情绪组	1.17	1.47	−0.30	1.06		

$^{***}p<0.001$。

由表4-22可知，愉悦情绪组篮球运动员愉悦情绪后测值高于愉悦情绪前测值，其愉悦情绪处于较高水平；愉悦情绪组篮球运动员的愉悦情绪变化量与对照组篮球运动员的愉悦情绪变化量存在显著性差异（t=5.25，p<0.001），愉悦情绪组的愉悦情绪变化量显著高于对照组愉悦情绪的变化量。由表4-23可知，恐惧情绪组篮球运动员恐惧情绪后测值高于恐惧情绪前测值，其恐惧情绪也处于较高水平。恐惧情绪组篮球运动员的恐惧情绪变化量与对照组篮球运动员的恐惧情绪变化量存在显著性差异（t=10.95，p<0.001），恐惧情绪组的恐惧情绪变化量显著高于对照组的恐惧情绪变化量。由此可见，情绪诱发材料均有效诱发了篮球运动员的愉悦情绪和恐惧情绪。

2. 情绪对篮球运动员风险决策框架效应的影响

对各组数据进行重复测量方差分析。通过进行方差同质性检验（Levene's检验）表明方差齐性，可以进行方差分析。对不同条件下篮球运动员的冒险倾向得分进行描述性统计，结果如表4-24所示。

表4-24 各组冒险倾向得分的描述性统计结果

框架变量	情绪组别	*M*	SD	*N*
正框架冒险倾向	愉悦情绪组	5.65	1.14	20
	恐惧情绪组	4.57	1.41	23
	对照组	4.33	1.30	27
负框架冒险倾向	愉悦情绪组	6.40	0.82	20
	恐惧情绪组	6.00	0.91	23
	对照组	4.78	1.28	27

表4-24表明，愉悦情绪组、恐惧情绪组和对照组篮球运动员在正框架下的冒险倾向得分均低于负框架下的冒险倾向得分，即篮球运动员在正框架下更倾向采取保守行为，在负框架下更倾向采取冒险行为。

为了进一步考察情绪与框架效应是否共同对篮球运动员的风险决策产生影响，以情绪、框架类型为自变量，以冒险倾向得分为因变量，对篮球运动员的冒险倾向得分进行重复测量方差分析，结果如表4-25所示。

表 4-25　情绪、框架类型对篮球运动员冒险倾向得分影响的方差分析结果

变异来源	*SS*（离差平方和）	df	MS（均方）	*F*	*p*	η^2
组内（框架类型）	26.48	1	26.48	33.46***	0.000	0.33
组间（情绪）	49.94	2	24.97	12.61***	0.000	0.27
交互作用	6.25	2	3.13	3.95*	0.024	0.11

*p<0.05。
***p<0.001。

由表 4-25 可知，框架类型的主效应 $F_{(1,67)}$=33.46，p=0.000，η^2=0.33，框架类型的主效应显著，这表明在正框架下篮球运动员在做出决策时倾向保守，而在负框架下篮球运动员倾向冒险。情绪的主效应 $F_{(1,67)}$=12.61，p =0.000，η^2=0.27，情绪类型的主效应显著，这表明不同情绪类型的篮球运动员在风险决策上存在显著差异。框架类型与情绪的交互作用显著，$F_{(1,67)}$=3.95，p=0.024，η^2=0.11，不同情绪状态受决策框架的影响，同时决策框架也受到愉悦情绪与恐惧情绪的影响。

由于情绪和框架类型的交互效应显著，需要进一步做简单效应检验，以下是对愉悦情绪组、恐惧情绪组和对照组分别在正、负框架下的冒险倾向得分进行简单效应检验的结果（表 4-26）。

表 4-26　情绪和框架类型交互的简单效应检验

变异来源	Hypothesis df（假设自由度）	Error df（误差自由度）	*F*	*p*	η^2
框架（愉悦情绪）	1.00	67.00	29.91***	0.000	0.31
框架（恐惧情绪）	1.00	67.00	3.37	0.071	0.05
框架（中性情绪）	1.00	67.00	7.11*	0.010	0.10

*p<0.05。
***p<0.001。

对交互作用进行的简单效应检验显示（图 4-25），处于愉悦情绪下的篮球运动员在正框架下的冒险倾向得分与在负框架下的冒险倾向得分差异显著，$F_{(1,67)}$=29.91，p<0.01，η^2=0.31；而处于恐惧情绪下的篮球运动员在正框架下的冒险倾向得分与在负框架下的冒险倾向得分差异不显著，$F_{(1,67)}$=3.37，p>0.05，η^2=0.05；处于中性

情绪下的篮球运动员在正框架下的冒险倾向得分与在负框架下的冒险倾向得分差异显著，$F_{(1,67)}=7.11$，$p<0.05$，$\eta^2=0.10$。

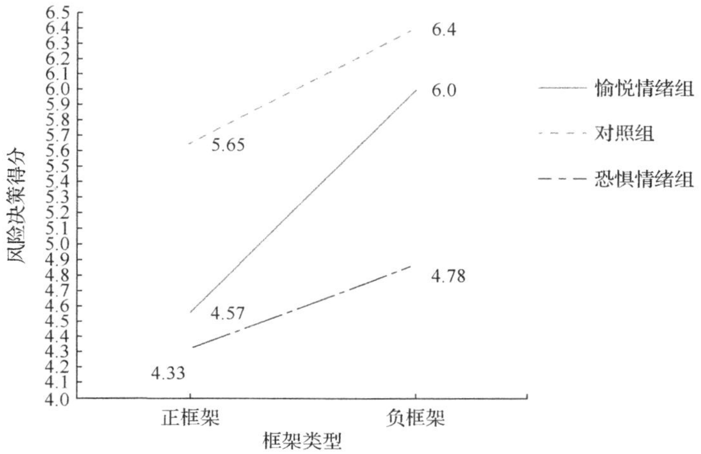

图 4-25　不同情绪与框架类型交互作用

4.3.5 讨论

1. 情绪诱发效果的评估

本研究借鉴前人研究中使用的诱发情绪的方法，采用观看竞赛情境视频的方式来诱发篮球员在篮球竞赛情境下的愉悦情绪、恐惧情绪。由表 4-22 和表 4-23 可知，愉悦情绪组和恐惧情绪组篮球运动员在观看情绪诱发视频后，情绪均被诱发到较高水平。同时，愉悦情绪组和恐惧情绪组篮球运动员的情绪变化水平均显著高于对照组篮球运动员。可见，利用篮球竞赛情境视频诱发篮球运动员的情绪是有效的。

2. 情绪对篮球运动员风险决策框架效应的影响

在愉悦情绪下，篮球运动员在正框架下比在负框架下更倾向保守；在恐惧情绪下，篮球运动员在正框架下的冒险倾向得分低于在负框架下的冒险倾向得分，但差异不显著；在中性情绪下，篮球运动员在正框架下比在负框架下更倾向保守。情绪和框架类型交互的简单效应检验结果表明，愉悦情绪和恐惧情绪均对篮球运动员的风险决策框架效应产生了影响，只是影响的方向不同，具体表现为：愉悦情绪组的框架效应与对照组的框架效应相比较，愉悦情绪组的框架效应显著大于对照组的框架效应；恐惧情绪组的框架效应与对照组的框架效应相比较，恐惧情绪组的框架效应不显著。上述结果说明，愉悦情绪增强了框架效应，而恐惧情绪削弱了框架效应，该结果验证了本研究假设 1，但与本研究假设 2 不完全一致。

1）愉悦情绪对风险决策框架效应的影响

由实验结果可知，愉悦情绪增强了篮球运动员进行风险决策时的框架效应。也就是说，在竞赛情境中，处于愉悦情绪状态下的篮球运动员在正框架下表现出更明显的保守行为，在负框架下表现出更明显的冒险行为。这个结果与前人的研究结果是一致的[①②]。

根据情绪泛化假说，决策者的情绪状态会泛化到之后的决策判断中，给被试呈现能够诱发负面情绪的信息增加了被试对无关联的但具有相同情绪效价的风险事件发生的感知频率，即增加了被试对风险事件发生的感知概率；而呈现能够诱发正面情绪的信息则使被试对风险事件发生的感知频率减少，即降低了被试对风险事件发生的感知概率。因此，当给篮球运动员呈现了能够诱发愉悦情绪的刺激信息，且这个信息与其决策任务相关时，就可能降低篮球运动员对具有相同情绪效价的风险事件发生的感知概率，即篮球运动员在愉悦情绪下更容易做出积极判断，面对正框架下的收益时会选择更确切的保守方案，而面对负框架下的损失时，则因低估风险而选择冒险行为，从而增强了框架效应。

框架效应的增强还可能与篮球运动员在愉悦情境下的认知分析加工方式有关。篮球运动员在比赛场上面临复杂信息时，不是简单地关注一个信息或者局部信息，而是要从整体上把握场上的形势并做出决策。已有研究表明，人在愉悦情绪下常选择启发式系统来处理信息[③]。这种整体加工模式能够使个体储存更多的心理资源，提高工作记忆的刷新能力[④]。同时，这种整体性的决策过程更多地利用情绪资源系统，而利用情绪资源系统分析式系统处理决策问题时，容易发生框架效应，因此框架效应明显增强。

① YUEN K, LEE T. Could mood state affect risk-taking decisions?[J]. Journal of affective disorders, 2003, 75(1): 11-18.

② 胡琰．情绪启动对决策行为的影响研究[D]．长沙：湖南师范大学，2007.

③ GASPER K. Do you see what I see? Affect and visual information processing[J]. Cognition & emotion, 2004, 18(3): 405-421.

④ KEYES C, FREDRICKSON B L, PARK N, et al. Positive psychology and the quality of life[M]. Dordrecht: Springer, 2012.

2）恐惧情绪对风险决策框架效应的影响

由实验结果得知，恐惧情绪组的框架效应与对照组的框架效应相比较，恐惧情绪组的框架效应不再显著，这说明恐惧情绪削弱了框架效应。此研究结果与以往的研究结果不一致。

前人大部分研究认为恐惧情绪扩大了框架效应，使被试在进行风险决策时表现为冒险行为①。本研究发现，篮球运动员在恐惧情绪下进行风险决策会削弱框架效应，并且使框架效应变得不显著，从得分上来看，篮球运动员在恐惧情绪下更倾向风险规避。这与 Mcelroy 等研究者的研究结论是一致的②③④⑤。产生这样结果的可能原因如下：第一，处在恐惧情绪下的篮球运动员可能对存在的风险的敏感度更高，同时更容易高估风险给自己带来的威胁，因此在面对风险时选择做出风险规避行为。第二，在恐惧情绪下篮球运动员可能会处于低控制感和低确定性状态，同时唤起中度责任感，而低控制感、低确定性及中度责任感增加了篮球运动员对潜在风险的感知，因此面对风险时他们更容易做出风险规避行为①。第三，从情绪泛化假说角度来看，诱发恐惧情绪的信息可能增加了篮球运动员对无关的但具有相同情绪效价的风险事件发生的感知概率，从而使被试做出与消极情绪一致的消极判断和选择，表现为做出风险规避行为⑥。这与 Mayer 等的观点一致，他们认为在消极情绪下，人们的感知、想法和判断往往会被扭曲到更消极的程度——这种效应被称为情绪一致性，在这种效应下，消极情绪状态可能会提示记忆中类似的匹配事件，从而影响人们的决策判断⑦。篮球运动员在观看受伤视频后引发的恐惧情绪下，容易想起记忆中类似的受伤经历，因此在进行风险决策时因担心受伤而变得保守，做出风险规避行为。第四，消极的情感状态可能会改变人

---

① ISEN A M, MEANS B. The influence of positive affect on decision-making strategy[J]. Social cognition, 1983, 2(1): 18-31.

② MCELROY T, SETA J J. Framing effects: An analytic－holistic perspective[J]. Journal of experimental social psychology, 2003, 39(6): 610-617.

③ LERNER J S, KELTNER D. Beyond valence: Toward a model of emotion-specific influences on judgement and choice[J]. Cognition & emotion, 2000, 14(4): 473-493.

④ 徐辉．情绪对风险决策和判断的影响的实验研究[D]．上海：华东师范大学，2005．

⑤ 胡琰．情绪启动对决策行为的影响研究[D]．长沙：湖南师范大学，2007．

⑥ 黄嘉健，黄辉雄，廖婉莹，等．大学生情绪效价和唤醒度对不确定决策风险偏好的影响[J]．中国健康心理学杂志，2018，26（10）：1556-1561．

⑦ MAYER J D, GASCHKE Y N, BRAVERMAN D L, et al. Mood-congruent judgment is a general effect[J]. Journal of personality & social psychology, 1992, 63(1): 119-132.

们做决定的过程，恐惧、焦虑等消极情绪状态会影响人们处理信息的能力[①]。因此，处于恐惧或焦虑状态的个体在判断和决策过程中系统地处理信息的能力较弱[②③]，这种情况下篮球运动员会变得很保守，倾向做出风险规避行为。

4.3.6 小结

（1）篮球运动员在竞赛情境下，无论是处于愉悦情绪状态下还是处于恐惧情绪状态下，均存在风险决策框架效应。

（2）情绪和框架类型交互作用显著，共同影响了篮球运动员的风险决策。

（3）情绪调节了篮球运动员的风险决策框架效应，愉悦情绪增强了框架效应，恐惧情绪削弱了框架效应。

4.4 研究 4 认知负荷与情绪对篮球运动员风险决策框架效应的影响研究

篮球运动员在现实比赛中做风险决策时，不会只受到认知负荷的影响，或只受到情绪的影响。这些影响因素是共同对篮球运动员产生作用的。那么，在面对认知负荷和情绪共同作用时，篮球运动员的风险决策框架效应呈现怎样的规律？这值得我们深入探讨。

4.4.1 研究目的

本研究将验证认知负荷在情绪与风险决策之间是否能够起到调节作用，探讨认知负荷与情绪对篮球运动员风险决策框架效应的影响作用。

4.4.2 研究假设

假设 1：在竞赛情境下认知负荷、情绪与框架效应共同对篮球运动员风险决

① 刘博谦．恐惧情绪对信息加工速度和准确性的影响[D]．北京：北京大学，2013．

② 于泳红．多属性决策任务中焦虑型个体的信息加工特点研究[J]．心理科学，2006，29（5）：1157-1159．

③ 祝大鹏，赵鹏，单曙光．不同风险决策框架和收益信息下的青少年运动员竞赛中的亲社会与反社会行为：竞赛焦虑的调节作用[J]．中国运动医学杂志，2014，33（6）：560-567．

策产生影响。

假设 2：认知负荷是篮球运动员情绪与风险决策框架效应之间的调节变量。

4.4.3 研究方法

1. 被试

选取男、女篮球运动员共 120 人为被试，被试均为国家二级以上运动员，曾参加过全国性比赛并获得团体前 8 名的成绩，训练年限均在 8 年以上。所有篮球运动员均报告未参加过类似决策实验。在实验前，要求所有篮球运动员认真阅读并签署知情同意书。所有被试均会获得一定报酬。

随机将 120 名篮球运动员分为 4 组，具体如下：①愉悦情绪-高认知负荷组，共 30 人；②愉悦情绪-低认知负荷组，共 30 人；③恐惧情绪-高认知负荷组，共 30 人；④恐惧情绪-低认知负荷组，共 30 人。剔除诱发情绪无效的被试后，愉悦情绪-高认知负荷组为 27 人，愉悦情绪-低认知负荷组为 28 人，恐惧情绪-高认知负荷组为 28 人，恐惧情绪-低认知负荷组为 26 人（表 4-27）。

表 4-27　被试分布情况

组别	男性人数（人）	女性人数（人）	总人数（人）
愉悦情绪-高认知负荷组	17	10	27
愉悦情绪-低认知负荷组	16	12	28
恐惧情绪-高认知负荷组	15	13	28
恐惧情绪-低认知负荷组	17	9	26

单因素方差分析结果显示，在正负框架下 4 组篮球运动员之间的冒险倾向得分不存在显著性差异（表 4-28）。

表 4-28　4 组篮球运动员在正负框架下冒险倾向得分比较

框架变量	认知负荷	情绪类型	M	SD	N	F	p
正框架冒险倾向	低认知负荷	愉悦	4.39	1.99	28	0.47	0.71
		恐惧	4.73	2.32	26		
	高认知负荷	愉悦	5.00	2.00	27		
		恐惧	4.82	1.47	28		

续表

框架变量	认知负荷	情绪类型	M	SD	N	F	p
负框架冒险倾向	低认知负荷	愉悦	5.21	1.97	28	0.02	0.99
		恐惧	5.31	2.13	26		
	高认知负荷	愉悦	5.33	2.22	27		
		恐惧	5.25	1.69	28		

2. 实验设计

本实验采用 2（情绪类型：愉悦情绪/恐惧情绪）×2（认知负荷：高认知负荷/低认知负荷）×2（框架类型：正框架/负框架）三因素混合实验设计。认知负荷含有高负荷水平和低负荷水平，与研究 2 中的认知负荷设置方法相同。

为控制无关变量对实验的影响，本实验均在安静明亮的计算机房内进行；为被试呈现的实验刺激材料制作标准一致；被试完成决策任务时进行按键反应的输入设备保持一致。每个被试独立完成决策任务。为了排除决策任务呈现顺序可能对被试决策产生的影响，作者对决策任务程现顺序进行了随机化处理。

为了避免被试疲劳和产生学习效应，要求每个具体刺激方案的呈现次数不能过多，因此本实验将决策任务划分为多个篮球比赛中可能遇到的具体决策情境，包括运动员场上角色、教练员临场指挥策略、场上比分情况等情境。

3. 研究工具

本研究的情绪自评量表，同 4.2 节中的简版情绪自评量表。

4. 实验材料

（1）风险决策实验材料。本研究的风险决策实验材料同 4.2 节中篮球运动员风险决策实验材料。

（2）情绪诱发材料。本研究的情绪诱发材料同 4.3 节中的愉悦情绪和恐惧情绪诱发材料。

5. 实验程序和指导语

1）认知负荷与情绪实验程序

（1）愉悦情绪下高认知负荷实验流程如下：首先要求被试填写情绪自评量表，获得情绪基线值；然后为被试播放能够诱发愉悦情绪的视频材料，共播放 10 分钟；观看结束后再次要求被试填写情绪自评量表，用来判断愉悦情绪是否诱发成功；启动高认知负荷风险决策框架效应程序；高认知负荷程序任务完成后再次要求被试填写情绪自评量表，通过前测值和后测值对比判断篮球运动员是否在愉悦情绪状态下完成风险决策任务（图 4-26）。

（2）愉悦情绪下低认知负荷实验流程同愉悦情绪下高认知负荷实验流程，唯一不同的是诱发愉悦情绪后，启动低认知负荷风险决策框架效应程序（图 4-27）。

（3）恐惧情绪下高认知负荷实验流程同愉悦情绪下高认知负荷实验流程，唯一不同的是诱发情绪时为被试播放的是诱发恐惧情绪的视频材料（图 4-28）。

（4）恐惧情绪下低认知负荷实验流程同愉悦情绪下低认知负荷实验流程，唯一不同的是诱发情绪时为被试播放的是诱发恐惧情绪的视频材料（图 4-29）。

在实验测试过程中，为了保证情绪诱发的有效性和持续性，要求被试共观看 2 次诱发情绪的视频，第一次在情绪量表前测结束后要求被试观看，第二次在决策任务完成一半任务后要求被试再观看一次视频，并在任务全部完成后要求被试再填写一次情绪量表。

2）实验指导语

高认知负荷程序指导语为：欢迎您参加本实验！屏幕中显示一个“+”注视点，这是提醒您开始实验并集中注视屏幕中央。首先，您将完成一项记数任务，屏幕中将出现一个 6 位数字串，您要记下数字串。数字串消失后，会出现一个 6 位数字串的干扰项。请您以参与者的身份回答篮球竞赛情境下的决策问题，阅读完问题后按“B”键查看选择方案，每个问题都有两种方案，请您选出您认为最好的一种方案，选择方案 A 按“F”键，选择方案 B 按“J”键。做出选择后，您要在随后出现的两串数字中使用键盘上相应的按键选出与先前记住的数字串一样的选项，选择左侧数字串按“F”键，选择右侧数字串按“J”键。现在将左手食指放在“F”键上，将右手食指放在“J”键上，按任意键开始实验。

低认知负荷程序指导语同高认知负荷程序指导语，唯一不同的是低认知负荷程序呈现的是 2 位数字串。

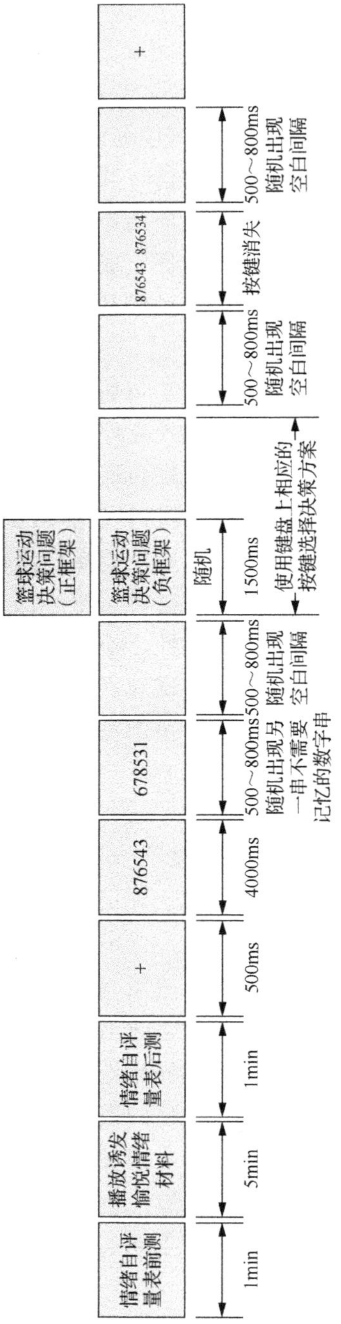

图 4-26 愉悦情绪下高认知负荷实验程序

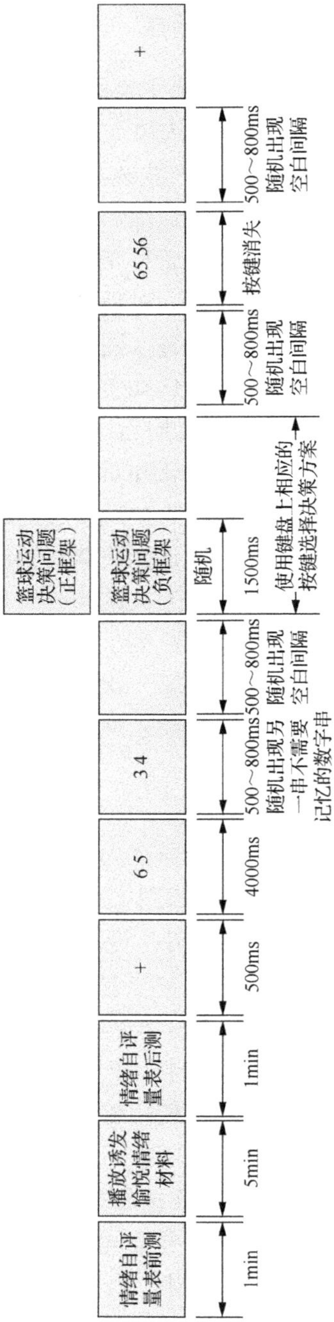

图 4-27 愉悦情绪下低认知负荷实验程序

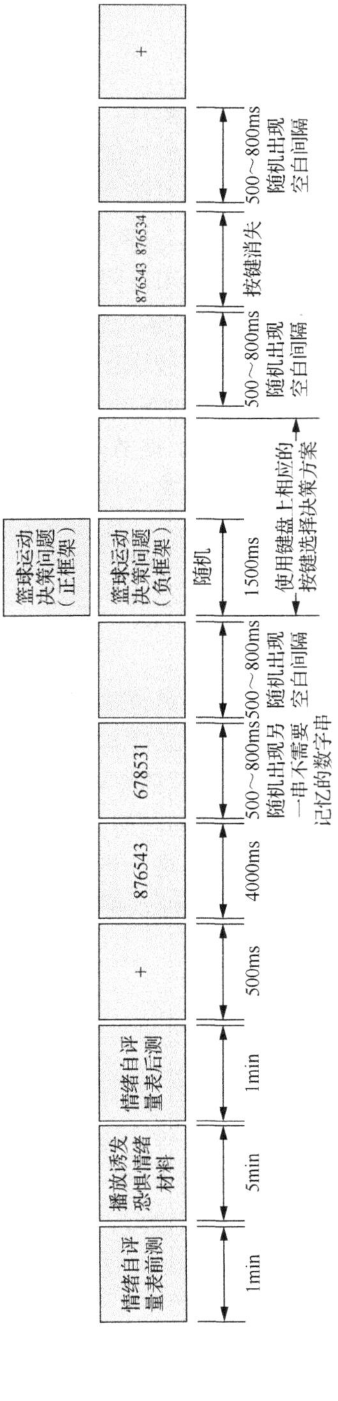

图 4-28 恐惧情绪下高认知负荷实验程序

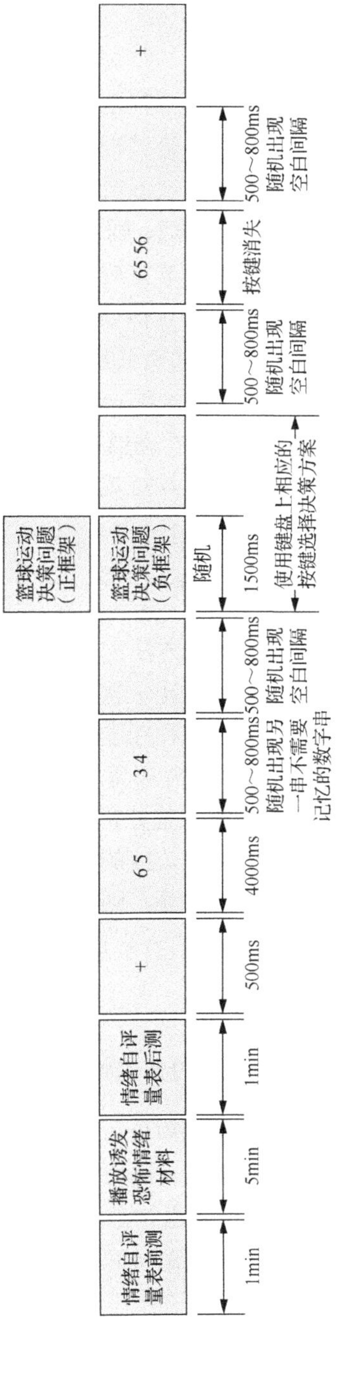

图 4-29 恐惧情绪下低认知负荷实验程序

6. 实验步骤

本实验在天津体育学院运动心理学实验室多媒体教室内进行。在实验前，首先告知被试本实验的实验过程、实验内容、实验环节、实验中可能遇到的特殊情况。对于恐惧情绪组被试观看的受伤视频材料，应告知被试可能会带来的不适，并告知被试如果感觉不适，则可立即自行停止观看视频材料，并向主试举手示意。被试表示理解所有实验事宜后，填写个人相关资料，并签署知情同意书。

被试共分为 4 组，具体如下：愉悦情绪-高认知负荷组、愉悦情绪-低认知负荷组、恐惧情绪-高认知负荷组、恐惧情绪-低认知负荷组。被试在观看诱发情绪视频材料前后分别填写情绪自评量表。4 组被试分别完成篮球风险决策任务。

实验结束后，为观看恐惧视频材料的被试播放搞笑视频，调节安抚被试情绪。向所有被试赠送礼物，并对观看恐惧视频材料的被试进行适当安抚，并再次对其参与本次实验表示感谢。

7. 数据采集与分析

风险决策问卷计分方法同研究 1。

使用 SPSS27.0 统计学软件分别对正负框架下篮球运动员冒险倾向得分进行统计分析，采用平均数和标准差描述数据基本结果。采用独立样本 t 检验比较记忆任务的反应时、情绪自评量表得分的差异，考察认知负荷及情绪诱发的有效性。采用 2×2×2 重复测量方差分析比较各条件下冒险倾向得分的差异，验证认知负荷和情绪对风险决策框架效应的影响。如果交互作用显著，则进一步做简单效应检验；如果交互作用不显著，则检验各主效应是否显著，显著性水平为 $p<0.05$。采用 Greenhouse Geisser 法矫正自由度和 p 值。

4.4.4 结果与分析

1. 认知负荷设置的有效性检验

通过分析对比高认知负荷组和低认知负荷组的反应时，对认知负荷设置的有效性进行检验。进行方差同质性检验，在 Levene's 检验中 F=0.99、p=0.32>0.05，这表明方差齐性，可以进行独立样本 t 检验。通过 t 检验分析发现，高认知负荷组的反应时（2869.04±863.84）高于低认知负荷组的反应时（1757.89±763.03），

t=−7.11，p<0.001，这说明认知负荷设置有效（表 4-29）。

表 4-29　认知负荷设置的有效性及检验（反应时）

变量	N	M	SD	t	p
低认知负荷认知反应时	54	1757.89	763.03	−7.11	0.000
高认知负荷认知反应时	55	2869.04	863.84		

2. 情绪诱发的有效性检验

对实验中诱发愉悦情绪的有效性进行检验。首先分析愉悦情绪组在完成实验前后的情绪自评量表数据，对实验前后情绪自评量表测量的数据进行配对样本 t 检验发现，实验后测愉悦情绪值（3.76±1.00）显著高于实验前测愉悦情绪值（2.87±0.98），t=−5.67，p<0.001，这表明愉悦视频材料引起了被试的愉悦情绪，即愉悦情绪诱发有效（表 4-30）。

表 4-30　愉悦情绪诱发的有效性检验

变量	N	M	SD	t	p
愉悦情绪基线值	55	2.87	0.98	−5.67	0.000
愉悦情绪诱发值	55	3.76	1.00		

对实验中诱发恐惧情绪的有效性进行检验。首先分析恐惧情绪组在完成实验前后的情绪自评量表数据，对实验前后情绪自评量表测量的数据进行配对 t 检验发现，实验后测恐惧情绪值（3.87±1.15）显著高于实验前测恐惧情绪值（1.31±0.80），t=−14.63，p<0.001，这表明恐惧视频材料引起了被试的恐惧情绪，即恐惧情绪诱发有效（表 4-31）。

表 4-31　恐惧情绪诱发的有效性检验

变量	N	M	SD	t	p
恐惧情绪基线值	54	1.31	0.80	−14.63	0.000
恐惧情绪诱发值	54	3.87	1.15		

对不同条件下 4 组篮球运动员的冒险倾向得分进行描述性统计，结果如表 4-32 所示。

表 4-32　不同条件下 4 组篮球运动员冒险倾向得分的描述性统计结果

框架变量	认知负荷	情绪类型	*M*	SD	*N*
正框架冒险倾向	低认知负荷	愉悦	4.79	1.77	28
		恐惧	4.23	2.10	26
	高认知负荷	愉悦	4.15	1.88	27
		恐惧	4.43	1.50	28
负框架冒险倾向	低认知负荷	愉悦	5.25	1.53	28
		恐惧	5.65	1.62	26
	高认知负荷	愉悦	5.48	1.58	27
		恐惧	5.39	1.69	28

如表 4-32 所示，不同实验组篮球运动员在正框架下的冒险倾向得分均低于其在负框架下的冒险倾向得分，即篮球运动员在正框架下更倾向于保守行为，在负框架下更倾向于冒险行为。

为了进一步考察认知负荷、情绪与框架类型是否共同对篮球运动员的风险决策产生影响，以认知负荷、情绪、框架类型为自变量，以冒险倾向得分为因变量，对篮球运动员的冒险倾向得分进行重复测量方差分析。通过方差同质性检验（Levene’s 检验）表明方差齐性，可以进行方差分析，结果如表 4-33 所示。

表 4-33　情绪、认知负荷和框架类型对篮球运动员风险决策影响的方差分析结果

变异来源	SS	df	MS	*F*	*p*	η^2
框架类型	59.60	1	59.60	44.66	0.000	0.30
认知负荷	0.38	1	0.38	0.17	0.69	0.002
情绪类型	0.003	1	0.003	0.001	0.97	0.000
框架类型×认知负荷	0.57	1	0.57	0.43	0.51	0.004
框架类型×情绪类型	1.18	1	1.18	0.89	0.35	0.008
认知负荷×情绪类型	0.40	1	0.40	0.09	0.77	0.001
框架类型×认知负荷×情绪类型	6.00	1	6.00	4.50	0.036	0.04

由表 4-33 可知，框架的主效应显著，在正框架下篮球运动员在做决策时倾向

保守，而在负框架下篮球运动员做决策时倾向冒险，$F_{(1,105)}=44.66$，$p=0.000<0.001$，$\eta^2=0.30$。认知负荷的主效应不显著，不同认知负荷的篮球运动员在风险决策上没有表现出明显的差异，$F_{(1,105)}=0.17$，$p=0.69>0.1$，$\eta^2=0.002$。情绪类型的主效应不显著，不同情绪类型的篮球运动员在风险决策上没有表现出明显的差异，$F_{(1,105)}=0.001$，$p=0.97>0.1$，$\eta^2=0.000$。框架类型与认知负荷的交互作用不显著，$F_{(1,105)}=0.43$，$p=0.51>0.1$，$\eta^2=0.004$。框架类型与情绪类型的交互作用不显著，$F_{(1,105)}=0.89$，$p=0.35>0.1$，$\eta^2=0.008$。认知负荷与情绪类型的交互作用不显著，$F_{(1,105)}=0.09$，$p=0.77>0.1$，$\eta^2=0.001$。框架类型、认知负荷与情绪三者的交互作用显著，$F_{(1,105)}=4.50$，$p=0.036<0.05$，$\eta^2=0.04$。

由于认知负荷、情绪和框架类型的交互效应显著，需要进一步进行简单效应检验，对不同条件下篮球运动员在正、负框架下的冒险倾向得分进行简单效应检验，结果如表 4-34 所示。

表 4-34　认知负荷、情绪和框架类型交互的简单效应分析结果

变异来源	F	Hypothesis df	Error df	p	η^2
框架（低认知负荷、愉悦情绪）	2.26	1.00	105.00	0.14	0.02
框架（低认知负荷、恐惧情绪）	19.73	1.00	105.00	0.000	0.16
框架（高认知负荷、愉悦情绪）	17.98	1.00	105.00	0.000	0.15
框架（高认知负荷、恐惧情绪）	9.75	1.00	105.00	0.002	0.09

对交互作用进行简单效应分析，如图 4-30 所示。在低认知负荷条件下，处于愉悦情绪下的篮球运动员在正框架下的冒险倾向得分与在负框架下的冒险倾向得分无显著差异，$F_{(1,105)}=2.26$，$p=0.14>0.05$，$\eta^2=0.02$；而处于恐惧情绪下的篮球运动员在正框架下的冒险倾向得分与在负框架下的冒险倾向得分存在显著差异，$F_{(1,105)}=19.73$，$p<0.001$，$\eta^2=0.16$。在高认知条件下，处于愉悦情绪下的篮球运动员在正框架下的冒险倾向得分与在负框架下的冒险倾向得分存在显著差异，$F_{(1,105)}=17.98$，$p<0.001$，$\eta^2=0.15$；而处于恐惧情绪下的篮球运动员在正框架下的冒险倾向得分与在负框架下的冒险倾向得分存在显著差异，$F_{(1,105)}=9.75$，$p<0.05$，$\eta^2=0.09$。

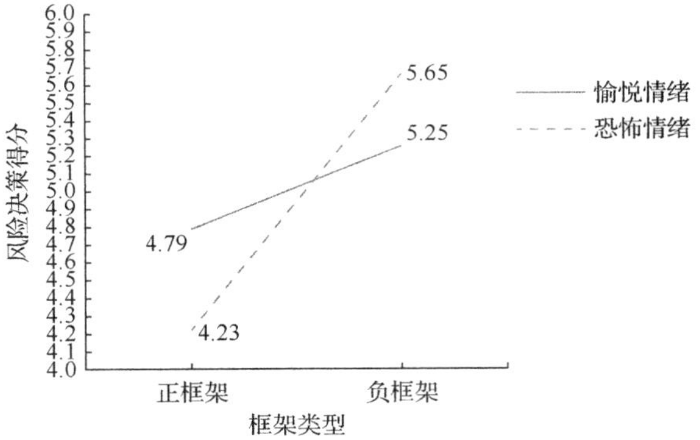

（a）低认知负荷

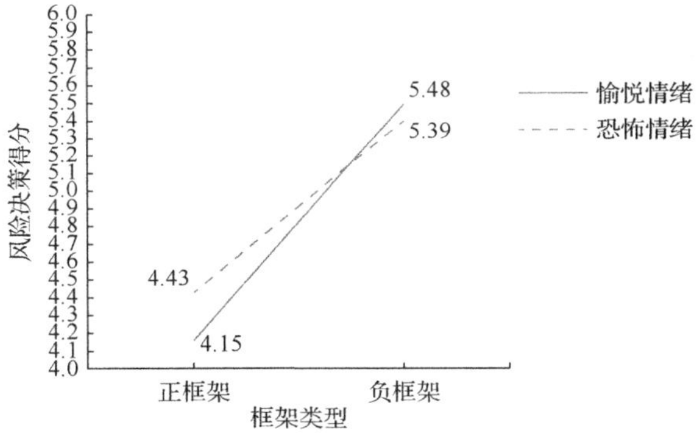

（b）高认知负荷

图 4-30　情绪、认知负荷和框架类型的交互作用

4.4.5　讨论

1. 认知负荷、情绪诱发效果的评估

通过比较篮球运动员在完成认知负荷任务时的反应时可以发现，高认知负荷组的反应时显著高于低认知负荷组的反应时，这说明认知负荷设置有效。

由表 4-30 和表 4-31 可知，观看愉悦视频材料和恐惧视频材料后，篮球运动员在两种情绪上的诱发值（后测值）显著高于情绪基线值（前测值）。由此可见，对篮球运动员愉悦情绪和恐惧情绪的诱发是有效的。

2. 认知负荷、情绪和框架类型对风险决策的影响

由表 4-3 可知，框架的主效应显著，正框架下的篮球运动员在做决策时倾向保守，而负框架下的篮球运动员倾向冒险，F=44.66，p=0.000<0.001；认知负荷、情绪与框架类型的三者交互作用显著，F=4.50，p=0.036<0.05。方差分析结果表明，篮球运动员在竞赛情境下的认知负荷、情绪与框架类型共同对风险决策产生影响，这验证了本研究假设 1。

从简单效应分析的结果可知，在低认知负荷条件下，处于愉悦情绪下的篮球运动员在正框架下的冒险倾向得分与在负框架下的冒险倾向得分没有显著差异。这表明，低认知负荷对处于愉悦情绪下的篮球运动员风险决策框架效应产生了调节作用。在高认知负荷条件下，处于愉悦情绪下的篮球运动员在正框架下的冒险倾向得分显著低于在负框架下的冒险倾向得分。这表明高认知负荷对处于愉悦情绪下的篮球运动员风险决策框架效应未产生调节作用。在低认知负荷和高认知负荷条件下，处于恐惧情绪下的篮球运动员在正框架下的冒险倾向得分显著低于负框架时的冒险倾向得分。这表明在篮球运动员处于恐惧情绪下时，无论是对其施加高认知负荷还是低认知负荷，认知负荷都对风险决策框架效应未产生调节作用。

在比赛时，如果篮球运动员情绪处于愉悦情绪状态，同时场上需要处理的信息虽然复杂多变，但给篮球运动员带来的认知负荷是较低的或适中的，那么此时篮球运动员是不受框架效应影响的，他们可以做出较理性的决策。然而，如果篮球运动员情绪处于愉悦情绪状态，同时要调用自身大量的认知资源应对复杂的场上信息变化，承受过高的认知负荷，那么篮球运动员就容易因受到框架效应的影响而做出非理性决策。研究结果显示，当篮球运动员处于恐惧情绪下时，无论面对的赛场形势是复杂的还是简单的，他们都会受到恐惧心理的困扰，如害怕受伤，此时他们受到框架效应的影响，容易做出非理性决策。

3. 不同认知负荷条件下，愉悦情绪对风险决策框架效应的影响

由研究结果可知，在高认知负荷条件下，处于愉悦情绪下的篮球运动员在正框架下的风险决策得分显著低于在负框架下的风险决策得分；在低认知负荷条件下，处于愉悦情绪下的篮球运动员在正框架下的风险决策得分与在负框架下的风险决策得分无显著差异。由此可见，高认知负荷对处于愉悦情绪下的篮球运动员风险决策框架效应没有产生调节作用，而低认知负荷对处于愉悦情绪下的篮球运

动员风险决策框架效应具有调节削弱作用，这与前人的研究结果一致[①②]。究其原因，可能与认知加工方式有关。在有认知负荷的条件下，认知负荷任务与风险决策任务会产生资源竞争，可能影响个体愉悦情绪下的加工策略。具体而言，在高认知负荷下，过高的认知负荷任务与风险决策任务会产生资源竞争，可能干扰分析式加工，促使个体进行启发式加工。前人研究发现，启发式加工更容易引起框架效应[③]。在本研究中，设定高认知负荷任务为记忆 6 个数字组成的数字串，这一认知负荷可能过高，会导致个体在执行风险决策任务时采用启发式加工，进而引起框架效应。在低认知负荷条件下，设定认知负荷任务为记忆 2 个数字组成的数字串，对篮球运动员来说，这个记忆任务负荷适中，适当的认知负荷能激发个体分析问题的积极性，激活个体的理性思维，从而削弱框架效应[①④]。因此，在本研究中低认知负荷可能激发篮球运动员认知加工的积极性和理性思维，使他们分配更多的认知资源在分析框架效应上，进而削弱框架效应。

由此可见，在篮球比赛过程中，当篮球运动员处于愉悦、情绪高涨状态时，面对适当的认知负荷，他们能够做出理性决策；而面对过高的认知负荷时，篮球运动员需要利用大量的认知资源应对场上的复杂信息，此时做决策容易受到框架效应的影响。此时教练员如果想让篮球运动员稳抓稳打，采取保守策略，就应在指导场上运动员时使用正框架语言，多采用“成功”“得分”“赢得比赛”等正面字眼；如果教练员想让篮球运动员采取进攻策略，就应在指导场上运动员时使用负框架语言，多采用“小心失败”“小心丢分”“不要输掉比赛”等负面字眼。

4. 不同认知负荷条件下，恐惧情绪对篮球运动员风险决策框架效应的影响

作者还发现，在高、低认知负荷条件下，处于恐惧情绪下的篮球运动员在正框架下的冒险倾向得分显著低于在负框架下的冒险倾向得分，存在框架效应。此结果表明，认知负荷不影响处于恐惧情绪下的篮球运动员风险决策框架效应。前

① WHITNEY P, RINEHART C A, HINSON J M. Framing effects under cognitive load: The role of working memory in risky decisions[J]. Psychonomic bulletin & review, 2008, 15(6): 1179-1184.

② FERREIRA M B, GARCIA-MARQUES L, SHERMAN S J, et al. Automatic and controlled components of judgment and decision making[J]. Journal of personality and social psychology, 2006, 91(5): 797-813.

③ MCELROY T, SETA J J. Framing effects: An analytic-holistic perspective[J]. Journal of experimental social psychology, 2003, 39(6): 610-617.

④ 毛伟宾，杨治良．工作记忆容量研究新进展[J]．心理科学，2008，31（3）：741-743．

人研究普遍发现，恐惧情绪会增强个体的风险决策框架效应[①②]。他们发现，处于恐惧情绪下的个体因对事件产生较为消极的判断而高估负面事件发生的概率，因此在正框架下更倾向选择保守方案[①]。目前，关于认知负荷能否调节恐惧情绪带来的风险决策框架效应的研究较少见。作者发现，在高认知负荷条件下，处于恐惧情绪下的篮球运动员做出的风险决策具有削弱框架效应的趋势，但未达到显著性水平。

结合已有研究发现，高认知负荷在消极情绪状态下会使得被试在进行风险决策时出现框架效应弱化的现象，这可以从认知资源占用说的角度找到解释。Mackie和 Worth 提出的认知资源占用说认为，情绪是个体认知资源的一部分，情绪出现引发的思维活动会占用个体有限的认知资源[③]。因此，如果增加额外的认知负荷，占用个体可利用的认知资源，那么分配在情绪上的认知资源就会减少，进而减少了个体情绪感受的强度。有研究表明，认知负荷在一定程度上能够调节消极情绪，在认知过程中，高认知负荷的抑制作用能调节个体的消极情绪，使个体的消极情绪反应被削弱甚至消失[④]。因此，在本研究中，篮球运动员在恐惧消极情绪下完成高认知负荷任务时，高认知负荷任务占用了篮球运动员的认知资源，调节、削弱甚至抑制了篮球运动员的恐惧消极情绪，进而削弱了恐惧消极情绪给篮球运动员带来的框架效应，最终表现为框架效应有弱化的趋势。

还可以从情绪分散观点中找到答案。心境一致性认知的观点认为，情绪刺激引发个体情绪体验后，会使个体在一段时间内持续地进行心境一致性的认知加工，从而维持和加强个体最初的情绪反应[⑤]。情绪分散的工作记忆模型理论认为，阻碍心境一致性认知是情绪分散的运行机制。该模型理论认为，当个体进行心境一致性认知加工时，对情绪刺激的认知加工会占用一部分认知资源，如果此时个体同时完成另一项占用认知资源的认知任务，就会使用于维持或加强个体情绪的认知

① LERNER J S, KELTNER D. Beyond valence: Toward a model of emotion-specific influences on judgement and choice[J]. Cognition & emotion, 2000, 14(4): 473-493.

② 毛良斌．基于恐惧诱导情绪框架效应传播效果的实验研究[J]．新闻界，2014（3）：12-18.

③ MACKIE D M, WORTH L T. Processing deficits and the mediation of positive affect in persuasion[J]. Journal of personality and social psychology, 1989, 57(1): 27-40.

④ DILLEN L V, KOOLE S L. Clearing the mind: a working memory model of distraction from negative mood[J]. Emotion, 2007, 7(4): 715-723.

⑤ SIEGLE G J, STEINHAUER S R, THASE M E, et al. Can't shake that feeling: Assessment of sustained event-related fMRI amygdala activity in response to emotional information in depressed individuals[J]. Journal of histochemistry & cytochemistry official journal of the histochemistry society, 2002, 53(8): 989-905.

资源减少，进而阻碍了心境一致性认知加工，最终导致情绪的分散①。有研究表明，用于认知任务加工的认知资源越多，用于维持个体当时消极情绪状态的认知资源越少，消极情绪分散就越明显，表现为消极情绪强度减弱，更趋于中性情绪②。由此可见，认知负荷任务会通过阻碍心境一致性认知加工来削弱消极情绪的强度，进而削弱了消极情绪对其他变量的影响。因此，当高认知负荷任务作为一种额外的操作施加给篮球运动员时，就会分散篮球运动员体验恐惧这种消极情绪的强度，进而削弱了恐惧消极情绪带来的框架效应，从而使框架效应对篮球运动员的影响出现弱化趋势。

这提示我们，在篮球比赛中，如果篮球运动员处于恐惧情绪下，那么面对高认知负荷的情境，篮球运动员受框架效应的影响会有弱化趋势，这时他们的风险决策更趋向于理性。因此，当比赛中队伍处于落后状态、场上形势非常胶着时，篮球运动员会害怕对方赶超比分，担心打不好，担心输掉比赛。这时教练员应多给予篮球运动员一些战略、战术的指导，增加他们的认知负荷，同时多使用一些中性指导语，避免正面或者负面指导语对篮球运动员的影响，让篮球运动员在比赛中做出更理性的决策。

综上所述，当篮球运动员处于愉悦-低认知负荷情境时，其风险决策不易受框架效应影响；而当篮球运动员处于愉悦-高认知负荷情境、恐惧-低认知负荷情境及恐惧-高认知负荷情境时，其风险决策易受框架效应影响。因此，在篮球比赛过程中，教练员应考虑框架效应并提供不同的语言指导。例如，在采取保守策略时，对于处于愉悦-低认知负荷状态下的篮球运动员的语言指导无须考虑框架效应，而对于其他几种状态下的篮球运动员的语言指导应考虑框架效应的影响。

4.4.6 小结

（1）在篮球竞赛情境下，框架效应是影响篮球运动员风险决策的重要因素，情绪和认知负荷是影响篮球运动员框架效应的重要因素。

（2）在篮球竞赛情境下，情绪对篮球运动员风险决策框架效应的影响受认知负荷调节。在愉悦情绪条件下，低认知负荷削弱了框架效应；在高认知负荷条件

① DILLEN L F V, HESLENFELD D J, KOOLE S L. Tuning down the emotional brain: An fMRI study of the effects of cognitive load on the processing of affective images[J]. Neuroimage, 2009, 45(4): 1212-1219.

② DILLEN L F V, KOOLE S L. Clearing the mind: A working memory model of distraction from negative mood[J]. Emotion, 2007, 7(4): 715-723.

下，处于恐惧情绪下的篮球运动员的风险决策具有削弱框架效应的趋势，但未达到显著水平。

4.5 总 讨 论

4.5.1 篮球运动员在竞赛情境下存在风险决策框架效应

作者通过验证研究和实验研究发现，篮球运动员在竞赛情境下会受到风险决策框架效应的影响，这验证了前人的研究结果[①②③]。

框架效应在决策过程中是普遍存在的。在体育运动领域关于框架效应的诸多研究也证明了运动员在比赛中进行风险决策时会出现框架效应。例如，王洪彪等对乒乓球、排球大学生运动员开展的研究发现，乒乓球运动员和排球运动员在比赛中进行风险决策时存在框架效应[④]。前人研究中未对运动员施加时间压力和认知负荷，只是证实了篮球运动员在比赛中进行风险决策时会出现框架效应。作者发现，无论是在研究 1 未对篮球运动员设置压力的验证研究中，还是在研究 2、研究 4 对篮球运动员设置了压力的实验研究中，研究结果都验证了篮球运动员在进行风险决策时会受到框架效应的影响。因此，作者在验证前人结论的基础上，进一步证明了在竞赛压力情境下，篮球运动员进行风险决策时会出现框架效应。

在竞赛情境下篮球运动员出现框架效应，一方面可能与篮球运动员在风险决策中采取第一启发式（Take The First Heuristic，TTF）有关；另一方面可以从齐当别理论中找到解释。TTF 是指在自身思考出的一系列选项中选择第一个作为最终决策，TTF 的产生是以备选选项和目前情势之间已习得的联结强度为基础的。TTF 是一种经验法则，也是一种简单的心理手段，常用于在知识、时间等有限的情况

① 李胜明，李昊，赵晓玲．框架效应下优秀运动员风险决策偏好研究[J]．成都体育学院学报，2009，35（3）：32-35．

② 黄志剑，刘正洁．体育情境中的风险决策行为：前景理论的初步系统验证[J]．中国运动医学杂志，2012，31（8）：697-705．

③ 邵雄．框架效应对篮球运动员和教练员风险决策的影响[D]．武汉：武汉体育学院，2016．

④ 王洪彪，周成林，王丽岩．信息量与认知负荷对羽毛球运动员视觉搜索特征的影响[J]．中国体育科技，2011，47（1）：88-96．

下做出决策[①]。有研究表明，快速和节俭的启发式加工与运动中动态的、在时间紧迫情况下做出的决策有关[②③]。还有研究发现，在运动决策时，快速和节俭的启发式加工特别有用，因为它依赖有限的信息来快速做出决定[④]。在一般情况下，启发式是加工高效且有用的，但是在某些场合下（如压力情境下）它也可能导致认知偏差，这就是在竞赛情境下篮球运动员出现框架效应现象的原因。

齐当别理论认为，在做决策时，决策者是将“决策维度表征为 N 个可能结果”[⑤]。也就是说，在基于维度的多次比较后，人们会将结果表征为最好的结果和最差的结果。由此，维度最终被简化为最好与最差两个方面，而最终的决策依据或是追求最好维度上的更好结果或是避免最坏维度上的更坏结果[⑥]。篮球运动员在竞赛情境下进行风险决策之所以存在框架效应，是因为篮球运动员在做出决策选择时，由于时间紧、任务重，可能并不是理性地比较、计算决策任务给出的包含数据的不同选项，而是在“最坏可能结果”和“最好可能结果”这两种维度上进行抉择。例如，在正框架下，保守方案“有 20 次进攻成功得分”与冒险方案“有 2/3 的可能性 60 次进攻全部失败不得分”（最坏可能结果）之间差异较大，于是篮球运动员在“最坏可能结果”维度进行比较后，为了回避风险而选择了保守方案。在负框架下，保守项“有 40 次进攻失败不得分”与冒险项“有 1/3 的可能性 60 次进攻全部成功得分”（最好可能结果）之间也存在较大差异，篮球运动员在“最好可能结果”维度进行比较后，更愿意做出冒险行为，选择冒险方案。

4.5.2 在不同决策问题背景下篮球运动员存在风险决策框架效应

通过研究 1 的验证研究发现，不同性别、运动等级、运动年限的篮球运动员进行风险决策时均存在框架效应。具体表现为：男性篮球运动员和女性篮球运动

---

① RAAB M, GULA B, GIGERENZER G. The hot hand exists in volleyball and is used for allocation decisions[J]. Journal of experimental psychology applied, 2011, 18(1): 81-94.

② JOHNSON J G, RAAB M. Take the first: Option-generation and resulting choices[J]. Organizational behavior & human decision processes, 2003, 91(2): 215-229.

③ RAAB M, JOHNSON J G. Expertise-based differences in search and option-generation strategies[J]. Journal of experimental psychology: Applied, 2007, 13(3): 158-170.

④ 程洋，何秀秀. 基于齐当别理论的出行决策框架效应研究[J]. 综合运输，2021（11）：88-92.

⑤ 李纾. 决策心理：齐当别之道[M]. 上海：华东师范大学出版社，2016.

⑥ 刘长江. 大道至简，悟在天成——评李纾著《决策心理：齐当别之道》[J]. 心理技术与应用，2016，4（10）：637-640.

员均出现了经典的双向框架效应，女性篮球运动员比男性篮球运动员表现出了更明显的框架效应。国家二级篮球运动员和国家一级及以上篮球运动员均出现了经典的双向框架效应。运动年限较短的篮球运动员出现经典的双向框架效应，而运动年限较长的篮球运动员出现偏向冒险的单向框架效应。

在体育运动领域中，已有的关于风险决策框架效应的研究均关注运动员性别、运动等级、运动年限等变量与框架效应之间的关系。但在不同研究中，研究者所得出的运动员框架效应的特征不尽相同。例如，在性别研究方面，本书的研究结论与杨勇涛等选取排球运动员为被试所进行的研究结论一致①，但与李胜明等的研究结论不一致。李胜明等选取篮球、足球、排球、中短跑、跳跃类、投掷类项目运动员为被试，对男、女被试是否受框架效应及问题类型的影响进行了检验，发现在局中和局外两类问题中，男性运动员都明显受到了框架效应的影响，而女性运动员受框架效应影响的程度不明显，不存在差异性②。在运动等级研究方面，王洪彪等选择足球、篮球、排球、小球等项目运动员为被试，对运动员运动水平是否受框架效应的影响进行了检验，研究发现，高水平运动员在正、负框架下均不受框架效应的影响；低水平运动员在正框架下受框架效应的影响，在负框架下不受框架效应的影响③。李胜明等对不同水平运动员是否受框架效应及问题类型的影响进行了检验，发现在局中和局外两类问题中，一般运动员都明显受到了框架效应的影响，而优秀运动员只在局中问题中受到了框架效应的影响②。这些研究者得出的结论与本研究结论“低水平和高水平篮球运动员在比赛中都会受到框架效应的影响”不一致。由此可见，以单个项目为研究对象和以多个项目为研究对象研究运动员是否出现框架效应的结论是有差异的，这说明每个运动项目在运动员的性别、运动水平方面的风险决策框架效应是有自身规律和特点的，因此有必要针对单个项目的风险决策框架效应进行研究，为运动员和教练员提供准确而有针对性的意见和建议。

---

① 杨勇涛，张忠秋，李旭鸿，等．排球运动员心理韧性和风险决策行为的关系[J]．中国运动医学杂志，2015，34（7）：681-687.

② 李胜明，李昊，赵晓玲．框架效应下优秀运动员风险决策偏好研究[J]．成都体育学院学报，2009，35（3）：32-35.

③ 王洪彪，周成林，王丽岩．信息量与认知负荷对羽毛球运动员视觉搜索特征的影响[J]．中国体育科技，2011，47（1）：88-96

4.5.3 认知负荷能够调节篮球运动员的风险偏好

研究 2 的结果显示，认知负荷对篮球运动员的框架效应未产生影响，但认知负荷对篮球运动员的风险偏好产生了影响，表现为篮球运动员在高认知负荷情境下比在低认知负荷情境下更倾向规避风险、选择保守行为。该结论与 Martino 等的研究结论一致①。他们研究发现，工作记忆负荷的存在并没有增强或削弱框架效应，工作记忆负荷的增加对框架效应没有影响，并指出主要原因是“框架效应是由启发式加工方式进行信息处理引起的”。作者认为产生当前结果的原因如下。

（1）基于双系统理论，大部分研究者将决策过程分为启发式加工和分析式加工。Cleeremans、Burns 和 Vollmeyer 指出，启发式加工和分析式加工在决策过程中共同起到表征的作用，决策的最终结果和这两种加工方式的强度、区分度、稳定性都有关系②③。Kahnenan 和 Frederick 进一步指出，这两种不同的加工方式存在互相竞争的关系，决定最终决策结果的是占优势的一方④。在本书研究中，在认知负荷下篮球运动员的框架效应并没有受到影响，这表明认知负荷与框架效应在决策竞争过程中，框架效应的影响高于认知负荷任务的影响，此时容易引起框架效应的启发式加工占优势。这也证明了 Martino 等的研究结论。但分析加工方式也在其中起到了一定的作用，使得篮球运动员的风险偏好发生了改变，使他们变得更加保守。

（2）认知负荷任务会影响被试做出决策所花费的时间，在认知负荷条件下被试对决策任务的反应更快，以便在认知负荷记忆任务中更准确地完成任务，因此认知负荷调节降低了被试在两种框架条件下选择冒险行为的频率，即增加了确定性选择频率。因此，认知负荷并没有产生更强的框架效应，并且篮球运动员在高认知负荷情境下比在低认知负荷情境下更倾向规避风险、选择保守行为。

（3）李纾采用齐当别理论解释框架效应时指出，由于受到认知资源的限制，个体在不同框架效应下的决策行为是“最好结果之间的取舍”（最大收益）和“最

① MARTINO B D, KUMARAN D, SEYMOUR B, et al. Frames, biases, and rational decision-making in the human brain[J]. Science, 2006, 313(5787): 684-687.

② CLEEREMANS A. Learning and consciousness: A graded, dynamical perspective[J]. 2002, 35(2): 423-433.

③ BURNS B D, VOLLMEYER R. Goal specificity effects on hypothesis testing in problem solving[J]. Quarterly journal of experimental psychology a human experimental psychology, 2002, 55(1): 241-261.

④ KAHNEMAN D, FREDERICK S. Representativeness revisited: Attribute substitution in intuitive judgment[M]. Cambridge: Cambridge university press, 2002.

坏结果之间的取舍”（最小收益），即在负框架下个体比较的选项属性是最大收益，在正框架下个体比较的选项属性是最小收益，前者导致个体倾向风险寻求，后者导致个体倾向风险规避①。在认知资源充足时，个体比较的是选项的属性，而在认知资源不足时，个体比较的是选项的结果②。在本书研究中，篮球运动员面对高认知负荷时，因为认知资源不足，没有关注选项的属性，而是更多关注选项的结果，所以框架效应没有被影响；而在高认知负荷下篮球运动员由于认知资源有限，更想确保最大限度地获得最小收益，不想为了最大收益而冒险，因此表现为保守的行为倾向。由此可见，认知负荷没有影响篮球运动员的风险决策框架效应，而调节了篮球运动员的风险偏好。因此，在比赛过程中，如果想让篮球运动员使用保守策略，就可以增加他们的认知负荷。

4.5.4 篮球运动员的愉悦情绪和恐惧情绪对风险决策框架效应的作用不同

研究 3 结果显示，在竞赛压力情境下的情绪表现会影响篮球运动员的风险决策框架效应。愉悦情绪增强了篮球运动员进行风险决策时的框架效应，即在竞赛情境中，处于愉悦情绪下的篮球运动员在正框架下表现出更明显的保守行为，在负框架下表现出更明显的冒险行为；而恐惧情绪削弱了篮球运动员进行风险决策时的框架效应，使框架效应不显著，并表现为篮球运动员倾向风险规避、选择保守方案。这与研究 3 的假设 3 不完全一致，愉悦情绪增强框架效应得到了验证，而恐惧情绪增强框架效应未得到验证，并得到了相反的结果，即恐惧情绪削弱了篮球运动员的框架效应。

本书研究中选取的两种性质相反的情绪，一种为积极情绪（愉悦），一种为消极情绪（恐惧），两种情绪对篮球运动员的风险决策框架效应的调节方向是相反的，愉悦情绪增强了框架效应，正向调节了框架效应，而恐惧情绪削弱了框架效应，反向调节了框架效应。究其原因，第一，可能与愉悦情绪和恐惧情绪下篮球运动员采用了不同的信息加工方式有关。有研究表明，处于愉快情绪下的人更容易采用启发式加工，即自上而下的信息加工方法，比较依赖已有的知识结构，忽略对

① 李纾．确定、不确定及风险状态下选择反转：“齐当别”选择方式的解释（英文）[J]．心理学报，2005（4）：427-433．

② KUVAAS B, SELART M. Effects of attribute framing on cognitive processing and evaluation[J]. Organizational behavior and human decision processes, 2013, 95(2): 198-207.

信息的分析式加工[①]，而已有研究表明启发式加工容易引起框架效应，因此启发式加工在愉悦情绪下进一步增强了篮球运动员风险决策框架效应。处于恐惧情绪下的篮球运动员不确定将会发生什么样的情况，会谨慎地考虑外界信息的各种细节，使自下而上的分析式加工占据优势，而研究表明分析式加工会削弱框架效应，因此分析式加工会削弱恐惧情绪下篮球运动员的风险决策框架效应。第二，可以从情绪的泛化假说理论中找到解释。根据情绪的泛化假说，如果给篮球运动员呈现了能够诱发愉悦情绪的刺激信息，且这个信息是与他的决策任务信息相关的，就可能降低篮球运动员对具有相同情绪效价的风险事件发生的感知概率。

根据上述研究结果可知，在篮球运动员处于不同具体情绪时，对其进行指导要注意言语策略。处于愉悦情绪下的篮球运动员，受到框架效应影响，且受框架效应的影响较大，因此在进行指导时要注意框架效应的影响；处于恐惧情绪下的篮球运动员未受到框架效应的影响，因此在进行指导时不需要考虑到框架效应的影响，只需要注意篮球运动员的风险偏好。在恐惧情绪下，篮球员进行风险决策时倾向选择保守方案，因此进行指导时应根据篮球运动员此时的保守心理进行专门指导。

4.5.5 认知负荷在篮球运动员的情绪与框架效应之间起调节作用

由研究 3 的结论可知，愉悦情绪会增强篮球运动员的风险决策框架效应，因此需要削弱框架效应对篮球运动员的影响。研究 2 的结论证明了认知负荷对篮球运动员的风险决策框架效应产生显著影响，并且增加认知负荷会削弱篮球运动员的风险决策框架效应。因此，可以通过增加认知负荷来调节愉悦情绪对篮球运动员风险决策框架效应的影响。在研究 2 和研究 3 的基础上进行了研究 4 的实验，研究 4 的结论证实了认知负荷和情绪共同对篮球运动员风险决策框架效应产生影响，其中认知负荷起到了调节作用，研究 4 的假设得到了验证。

本书的研究结果显示，认知负荷是调节情绪与篮球运动员框架效应的重要因素。从简单效应分析的结果可知，在低认知负荷条件下，处于愉悦情绪下的篮球运动员在正框架下的冒险倾向得分与在负框架下的冒险倾向得分没有显著差异。这表明低认知负荷对处于愉悦情绪下的篮球运动员风险决策框架效应产生了调节作用。在高认知负荷条件下，处于愉悦情绪下的篮球运动员在正框架下的冒险倾

---

① 卿志琼. 情绪介入决策与有限理性的超越——神经经济学的视角[J]. 西安建筑科技大学学报（社会科学版），2019，38（2）：28-34.

向得分显著低于在负框架下的冒险倾向得分。这表明高认知负荷对处于愉悦情绪下的篮球运动员风险决策框架效应未产生调节作用。在低认知负荷和高认知负荷条件下，处于恐惧情绪下的篮球运动员在正框架下的冒险倾向得分显著低于在负框架下的冒险倾向得分。这表明在篮球运动员处于恐惧情绪下时，对其无论是施加高认知负荷还是低认知负荷，认知负荷都对其风险决策框架效应未产生调节作用。由此可见，高认知负荷对处于愉悦情绪状态下的篮球运动员风险决策框架效应没有起到调节作用，而低认知负荷对处于愉悦情绪状态下的篮球运动员风险决策框架效应具有调节作用，原因已在 4.4.5 部分进行分析阐述。

本研究还发现，在高、低认知负荷条件下，处于恐惧情绪的篮球运动员正框架时的风险决策得分显著低于负框架时得分，存在框架效应。此结果提示，认知负荷不影响处于恐惧情绪的篮球运动员风险决策框架效应。前人研究普遍发现，恐惧情绪会增强个体的风险决策框架效应[①②]。前人研究表明，恐惧情绪下的个体对事件产生较为消极的判断而高估负性事件发生的概率，因此在正框架下更倾向选择保守方案[③]。目前，关于认知负荷能否调节恐惧情绪带来的风险决策框架效应的研究较少见。本研究发现，在高认知负荷条件下，恐惧情绪下的篮球运动员风险决策具有减弱框架效应的趋势，但未达到显著性水平。认知负荷是否能够调节恐惧情绪带来的风险决策框架效应仍有待进一步分析研究。

① 毛良斌．基于恐惧诱导情绪框架效应传播效果的实验研究[J]．新闻界，2014（3）：12-18．

② METCALFE J, MISCHEL W. A hot/cool-system analysis of delay of gratification: Dynamics of willpower[J]. Psychological review, 1999, 106(1): 3-19.

③ LERNER J S, KELTNER D. Beyond valence: Toward a model of emotion-specific influences on judgement and choice[J]. Cognition & emotion, 2000, 14(4): 473-493.

5 结　论

（1）篮球运动员在竞赛情境下进行风险决策时受框架效应的影响，表现为在正框架下篮球运动员倾向采取保守行为，在负框架下篮球运动员倾向采取冒险行为，与经典框架效应表现模式相同。

（2）不同性别、不同运动等级及运动年限较短的篮球运动员在竞赛情境下进行风险决策时呈现经典的双向风险决策框架效应；运动年限较长的篮球运动员在竞赛情境下进行风险决策时呈现单向风险决策框架效应。

（3）在竞赛情境下，篮球运动员无论面对时间压力还是认知负荷，都会受到框架效应的影响。时间压力对篮球运动员风险决策框架效应未产生影响。认知负荷对篮球运动员风险决策偏好产生影响，篮球运动员在高认知负荷情境下比在低认知负荷情境下更倾向规避风险、选择保守行为。

（4）情绪和框架类型交互作用显著，共同影响了篮球运动员的风险决策。情绪调节了篮球运动员的风险决策框架效应，其中愉悦情绪增强了框架效应，恐惧情绪削弱了框架效应。

（5）在竞赛情境下，框架效应是影响篮球运动员风险决策的重要因素，情绪和认知负荷是影响篮球运动员框架效应的重要因素。同时，在篮球竞赛压力情境下，情绪对篮球运动员风险决策框架效应的影响受认知负荷调节。在愉悦情绪条件下，低认知负荷削弱了篮球运动员风险决策框架效应；在高认知负荷条件下，恐惧情绪有削弱篮球运动员风险决策框架效应的趋势，但未达到显著水平。

6

研究不足与展望

（1）在被试选择上，本研究招募的被试大部分是在校的大学生篮球运动员，他们在年龄和教育水平上较为统一，因此研究中可能存在样本同质性较高的问题，得到的研究结果是否能够推广到更广泛的篮球运动员群体中还有待进一步讨论。在后续的研究中可以有意识地选取不同教育背景、不同水平运动队、不同地域的运动员进行研究，以提高研究结论的普适性。

（2）在研究手段上，对于情绪的测量，在实验中要求被试观看篮球竞赛情境下的视频材料后采用问卷调查法由被试对自己的情绪状态进行主观评定，这可能会成为影响实验结果的一个干扰因素。在今后的研究中，可以考虑利用生理学手段测量被试的生理指标变化，进而对被试情绪状态进行评估，提高研究结果的客观性。另外，本书仅从行为实验层面对情绪影响篮球运动员风险决策框架效应的机制进行探讨，未从神经机制层面获得情绪对篮球运动员风险决策影响的证据支持，因此在今后的研究中可以结合 ERP、fMRI 等技术，探讨情绪影响篮球运动员风险决策框架效应的更深层脑认知加工机制。

（3）研究过程中变量控制有欠缺。本书虽探讨了时间压力、认知负荷及情绪对篮球运动员风险决策框架效应的影响，也对变量间的交互作用进行了较为深刻的分析，但在实验中对额外变量的研究和控制不够，这可能对实验结果产生了一定影响。与此同时，运动员决策过程中决策问题的概率水平、运动员的比赛经历等因素都有可能影响其决策行为，这些都需要在未来的研究中做进一步探讨。

（4）竞赛情境下的风险决策研究的生态学效度需要进一步提升。本书是利用 E-prime3.0 软件编制程序来模拟篮球竞赛情境下的风险决策问题，这仅仅是从行为认知层面对篮球运动员的风险决策框架效应机制进行探讨，未涉及风险决策框架效应的内部生理机制。同时，针对研究中设计的一些具体篮球风险决策情境，可能有些被试很难使自己完全融入描述的情境中，因此很难判断被试做出的风险决策行为是否真的符合其真实情境反应。本书的生态效度还有待进一步提高。在今后的研究中，可以采用沉浸式虚拟现实技术。该技术可以更好地解决本研究中的生态效度问题。沉浸式虚拟现实技术可以通过人机交互使被试产生三维的沉浸感，使被试可以真实地置身于竞赛情境下的风险决策任务中，使其风险决策行为更具有生态效度。同时，在未来研究中还可以采用眼动追踪技术及虚拟现实相结合等方法，考察被试在接近真实的篮球竞赛虚拟场景中的风险决策框架效应。

参 考 文 献

中文参考文献

[1] 程家萍，罗跃嘉，崔芳．认知负荷对疼痛共情的影响：来自 ERP 研究的证据[J]．心理学报，2017，49（5）：9-22．

[2] 车文博．心理咨询大百科全书[M]．杭州：浙江科学技术出版社，2001．

[3] 曹宝龙，刘慧娟，林崇德．认知负荷对小学生工作记忆资源分配策略的影响[J]．心理发展与教育，2005（1）：36-42．

[4] 董官清，丁学龙．框架效应与问题性质对大学生运动员决策行为的影响研究[J]．沈阳体育学院学报，2010，29（1）：69-72．

[5] 格尔德·吉仁泽．风险与好的决策[M]．王晋，译．北京：中信出版社，2015．

[6] 黄志剑，刘正洁．体育情境中的风险决策行为：前景理论的初步系统验证[J]．中国运动医学杂志，2012，31（8）：697-705．

[7] 黄文强，杨沙沙，于萍．风险决策的神经机制：基于啮齿类动物研究[J]．心理科学进展，2016，24（11）：1767-1779．

[8] 何桂华，金志成．选项框架和认知负载对风险决策的影响[J]．应用心理学，2010，16（4）：316-322．

[9] 胡伟国，胡瑜．时间压力对风险决策中框架效应的影响[J]．心理科学，2009，32（3）：694-696．

[10] 梁建平，申存生，范安辉．框架效应下人格特征对高校高水平运动员决策行为的影响作用研究[J]．武汉体育学院学报，2008（4）：54-57．

[11] 李胜明，李昊，赵晓玲．框架效应下优秀运动员风险决策偏好研究[J]．成都体育学院学报，2009，35（3）：32-35．

[12] 刘永革，杨琰．框架效应对女排运动员运动决策风险偏好的影响[J]．成都体育学院学报，2012，38（8）：45-48．

[13] 李权华，迟立忠．趋近性积极情绪对羽毛球运动员击球决策的影响——抑制功能的调节作用[J]．天津体育学院学报，2017，32（2）：139-145．

[14] 赖日生，曾晓青，陈美荣．从认知负荷理论看教学设计[J]．江西教育学院学报（社会科学），2005（1）：52-55．

[15] 刘涵慧，周洪雨，车宏生．人格特征对不同类型框架下决策的影响[J]．心理科学，2010，33（4）：823-826．

[16] 李纾．确定、不确定及风险状态下选择反转：“齐当别”选择方式的解释（英文）[J]．心理学报，2005（4）：427-433．

[17] 刘长江．大道至简，悟在天成——评李纾著《决策心理：齐当别之道》[J]．心理技术与应用，2016，4（10）：637-640．

[18] 黎建斌．自我控制资源与认知资源相互影响的机制：整合模型[J]．心理科学进展，2013，21（2）：235-242．

[19] 刘涵慧，周洪雨，车宏生．时间压力、个人相关性对不同类型框架下决策的影响[J]．心理学探新，2008，28（4）：27-30．

[20] 毛良斌．基于恐惧诱导情绪框架效应传播效果的实验研究[J]．新闻界，2014（3）：12-18．

[21] 毛伟宾，杨治良．工作记忆容量研究新进展[J]．心理科学，2008，31（3）：3-23．

[22] 裴扬．框架描述、自我卷入和工作记忆负荷对中学生不同问题情境下风险决策框架效应的影响[D]．芜湖：安徽师范大学，2018．

[23] 史燕伟，徐富明，李燕，等．具体负性情绪对框架效应的影响[J]．心理研究，2015，8（2）：18-25．

[24] 苏月东．元认知负荷对不同工作记忆广度的初中生类比迁移的影响[D]．开封：河南大学，2010．
[25] 邵雄．框架效应对篮球运动员和教练员风险决策的影响[D]．武汉：武汉体育学院，2016．
[26] 田夏．工作记忆中存储的信息在高知觉负荷条件下引导注意选择[D]．重庆：西南大学，2012．
[27] 王洪彪，周成林，王丽岩．信息量与认知负荷对羽毛球运动员视觉搜索特征的影响[J]．中国体育科技，2011，47（1）：88-96．
[28] 王翠玲．不同情绪状态对认知任务类型影响的实验研究[D]．上海：华东师范大学，2004．
[29] 王凯．突发事件下决策者的框架效应研究[D]．杭州：浙江大学，2010．
[30] 王大伟，刘永芳．时间知觉对决策制定的时间压力效应的影响[J]．心理科学，2009，32（5）：1106-1108．
[31] 王璐璐，李永娟．心理疲劳与任务框架对风险决策的影响[J]．心理科学进展，2012，20（10）：1546-1550．
[32] 王洪彪，张绍礼，王晓玲．运动风险决策情境中的框架效应研究[J]．沈阳体育学院学报，2011，30（4）：69-73．
[33] 王慧．经济决策中“接受还是放弃？”式决策的认知神经机制研究[D]．重庆：西南大学，2012．
[34] 吴静杰，杨乃定，封超，等．突发事件下情绪对决策者风险偏好和框架效应的影响[J]．管理学报，2016，13（6）：906-912．
[35] 吴燕，周晓林，罗跃嘉．跨期选择和风险决策的认知神经机制[J]．心理与行为研究，2010，8（1）：76-80．
[36] 辛自强，林崇德．认知负荷与认知技能和图式获得的关系及其教学意义[J]．华东师范大学学报（教育科学版），2002（4）：55-60．
[37] 徐富明，史燕伟，王伟，等．情绪影响框架效应的眼动研究初探[J]．应用心理学，2015，21（2）：149-156．
[38] 杨心德，王小康．认知心理学视野中的认知负荷理论[J]．宁波大学学报（教育科学版），2007（3）：11-15．
[39] 杨昭宁，禹钰，谭旭运．情绪对成就动机与风险决策关系的调节效应[J]．应用心理学，2011，17（2）：116-122．
[40] 杨勇涛，张忠秋，李旭鸿，等．排球运动员心理韧性和风险决策行为的关系[J]．中国运动医学杂志，2015，34（7）：681-687．
[41] 严欣静，游旭群．工作记忆负荷对风险决策框架效应的影响[J]．心理学进展，2017，7（1）：96-103．
[42] 于博．“完全理性”、“有限理性”和“生态理性”——三种决策理论模式的融合与发展[J]．现代管理科学，2014（10）：54-56．
[43] 严欣静，游旭群．时间压力对风险决策中框架效应的影响[C]//中国心理学会．第十九届全国心理学术会议摘要集．西安：中国心理学会，2016．
[44] 庄锦英．情绪与决策的关系[J]．心理科学进展，2003，11（4）：423-431．
[45] 张铮．风险决策中情绪背景对框架效应的影响研究[D]．沈阳：中国医科大学，2013．
[46] 张凤华，邱江，邱桂凤，等．决策中的框架效应再探[J]．心理科学，2007，30（4）：5-19．
[47] 赵俊峰．解密学业负担：学习过程中的认知负荷研究[M]．北京：科学出版社，2011．
[48] 庄锦英．情绪、边框影响决策认知过程的实验研究[J]．心理科学，2004（6）：1340-1343．
[49] 祝大鹏，赵鹏，单曙光．不同风险决策框架和收益信息下的青少年运动员竞赛中的亲社会与反社会行为：竞赛焦虑的调节作用[J]．中国运动医学杂志，2014，33（6）：560-567．
[50] 张卫东，刁静，SCHICK C J．正、负性情绪的跨文化心理测量：PANAS 维度结构检验[J]．心理科学，2004（1）：77-79．
[51] 庄锦英．决策心理学[M]．上海：上海教育出版社，2006．

英文参考文献

[1] BECHARA A, DAMASIO A R. The somatic marker hypothesis: A neural theory of economic decision[J]. Games & economic behavior, 2005, 52(2): 336-372.
[2] ARMSTRONG K, SCHWARTZ J S, FITZGERALD G, et al. Effect of framing as gain versus loss on understanding

and hypothetical treatment choices: Survival and mortality curves[J]. Medical decision making, 2002, 22(1): 76-83.

[3] ANTONENKO P, PAAS F, GOG G T V. Using electroencephalography to measure cognitive load[J]. Educational psychology review, 2010, 22(4): 425-438.

[4] ASHILL N J, JOBBER D. Measuring state, effect, and response uncertainty: Theoretical construct development and empirical validation[J]. Journal of management, 2010, 36(5): 1278-1308.

[5] MILCH K F, WEBER E U, APPELT K C, et al. From individual preference construction to group decisions: Framing effects and group processes[J]. Organizational behavior and human decision processes, 2009, 108(2): 242-255.

[6] ALISON L, DORAN B, LONG M L, et al. The effects of subjective time pressure and individual differences on hypotheses generation and action prioritization in police investigations[J]. Journal of experimental psychology applied, 2013, 19(1): 83-93.

[7] BAETHGE A, RIGOTTI T. Interruptions to workflow: Their relationship with irritation and satisfaction with performance, and the mediating roles of time pressure and mental demands[J]. Work & stress, 2013, 27(1): 43-63.

[8] BECHARA A, DAMASIO A R. The somatic marker hypothesis: A neural theory of economic decision[J]. Games and economic behavior, 2005, 52(2): 344-367.

[9] BRUNKEN R, PLASS J L, LEUTNER D. Direct measurement of cognitive load in multimedia learning[J]. Educational psychologist, 2003, 38(1): 53-61.

[10] CHANG L J, SANFEY A G. Emotion, decision-making and the brain[J]. Advances in health economics & health services research, 2008, 20(8): 31-49.

[11] CHANG J C. Tourists' satisfaction judgments: An investigation of emotion, equity, and attribution[J]. Journal of hospitality & tourism research, 2008, 32(1): 108-134.

[12] CASSOTTI M, HABIB M, POIREL N, et al. Positive Emotional context eliminates the framing effect in decision-making[J]. Emotion, 2012, 12(5): 9-26.

[13] CRESCENZI A, CAPRA R, ARGUELLO J. Time limits, information search and the use of search assistance[C]// Association for Computing Machinery. The 2017 conference on human information interaction and retrieval. New York: Association for Computing Machinery, 2017.

[14] COOPER C L, DEWE P J, O'DRISCOLL M P. Review of organizational stress: A review and critique of theory, research, and applications[J]. Personnel psychology, 2003, 40(2):324-347.

[15] CHO I S, KIM D Y. Dual mediation of 'cognition' and 'emotion' in framing effect mechanism: Through the case of tobacco litigation news[J]. Communication theories, 2018, 14(4): 102-138.

[16] COOK A E. Measurement of cognitive load during multimedia learning activities[J]. IGI global, 2009, 31(6): 256-279.

[17] CHEUNG E, MIKELS J A. I'm feeling lucky: The relationship between affect and risk-seeking in the framing effect[J]. Emotion, 2011, 11(4): 852-859.

[18] DILLEN L, HESLENFELD D J, KOOLE S L. Tuning down the emotional brain: An fMRI study of the effects of cognitive load on the processing of affective images[J]. Neuroimage, 2009, 45(4): 1212-1219.

[19] DILLEN L V, KOOLE S L. Clearing the mind: A working memory model of distraction from negative mood[J]. Emotion, 2007, 7(4): 715-723.

[20] MARTINO B D, KUMARAN D, SEYMOUR B, et al. Frames, biases, and rational decision-making in the human brain[J]. Science, 2006, 313(5787): 684-687.

[21] DRUCKMAN J N, MCDERMOTT R. Emotion and the framing of risky choice[J]. Political behavior, 2008, 30(3): 297-321.

[22] DEPPE M, SCHWINDT W, KRAMER J, et al. Evidence for a neural correlate of a framing effect: Bias-specific

activity in the ventromedial prefrontal cortex during credibility judgments[J]. Brain research bulletin, 2005, 67(5): 413-421.

[23] EVANS J. Dual-processing accounts of reasoning, judgment, and social cognition-annual review of psychology[J]. Annual reviews, 2008, 59(1):255-278.

[24] FUJIMOTO H, EUN-SOOPARK. Framing effects and gender differences in voluntary public goods provision experiments[J]. The journal of socio-economics, 2010, 39(4): 455-457.

[25] FA GLEY N S, COLEMAN J G, SIMON A F. Effects of framing, perspective taking, and perspective (affective focus) on choice[J]. Personality & individual differences, 2010, 48(3): 264-269.

[26] FINUCANE M L. Emotion, affect, and risk communication with older adults: challenges and opportunities[J]. Journal of risk research, 2008, 11(7-8): 983-997.

[27] FERREIRA M B, GARCIA-MARQUES L, SHERMAN S J, et al. Automatic and controlled components of judgment and decision making[J]. Journal of personality and social psychology, 2006, 91(5): 797-813.

[28] GANEGODA D B, FOLGER R. Framing effects in justice perceptions: Prospect theory and counterfactuals[J]. Organizational behavior & human decision processes, 2015, 126: 27-36.

[29] GUO L, TRUEBLOOD J S, DIEDERICH A, et al. Thinking fast increases framing effects in risky decision making[J]. Psychological science: A journal of the American psychological society, 2017, 30(2): 554-577.

[30] GASPER, KAREN. Do you see what I see? Affect and visual information processing[J]. Cognition & emotion, 2004, 18(3): 405-421.

[31] GONZALEZ C, DANA J, KOSHINO H, et al. The framing effect and risky decisions: Examining cognitive functions with fMRI[J]. 2005, 20(9): 334-357.

[32] GONZALEZ C. Task workload and cognitive abilities in dynamic decision making[J]. Human factors, 2005, 47(1): 92-101.

[33] HUBER O, SEISER G. Accounting and convincing: The effect of two types of justification on the decision process[J]. Journal of behavioral decision making, 2001, 14(1): 69-85.

[34] HUBER O, KUNZ U. Time pressure in risky decision-making: Effect on risk defusing[J]. Psychology science, 2007, 49(2): 523-546.

[35] HOLMES A, MOGG K, FOCKERT J D, et al. Electrophysiological evidence for greater attention to threat when cognitive control resources are depleted[J]. Cognitive affective & behavioral neuroscience, 2014, 14(2):778-799.

[36] HERTZUM M, HOLMEGAARD K D. Thinking aloud in the presence of interruptions and time constraints[J]. International journal of human computer interaction, 2013, 29(4-6): 351-364.

[37] HASSELDINE J, HITE P A. Framing, gender and tax compliance[J]. Journal of economic psychology, 2003, 24(4): 517-533.

[38] IGOU E R, BLESS H. On undesirable consequences of thinking: Framing effects as a function of substantive processing[J]. Journal of behavioral decision making, 2010, 20(2): 125-142.

[39] INBAR Y, BOTTI S, HANKO K. Decision speed and choice regret: When haste feels like waste[J]. Journal of experimental social psychology, 2011, 47(3): 533-540.

[40] IZARD C E. Basic emotions, natural kinds, emotion schemas, and a new paradigm[J]. Perspectives on psychological science, 2007, 2(3): 260-281.

[41] JOSEPH S. Measuring cognitive load: A comparison of self-report and physiological methods[D]. Arizona: Arizona State University, 2013.

[42] JOHNSON J G, RAAB M. Take the first: Option-generation and resulting choices[J]. Organizational behavior & human decision processes, 2003, 91(2): 215-229.

[43] RIESKAMP J, HOFFRAGE U. Inferences under time pressure: How opportunity costs affect strategy selection[J]. Acta psychologica, 2008, 127(2): 258-276.

[44] KAHNEMAN D. Maps of bounded rationality: Psychology for behavioral economics[J]. American economic review, 2003, 93(5): 1449-1475.

[45] KAHNEMAN D, FREDERICK S. Representativeness revisited: Attribute substitution in intuitive judgment[M]. Cambridge: Cambridge University Press, 2002.

[46] KAHNEMAN D, FREDERICK S. Frames and brains: Elicitation and control of response tendencies[J]. Trends in cognitive sciences, 2007, 11(2): 45-46.

[47] KONSTANTINOU N, BEAL E, KING J R, et al. Working memory load and distraction: Dissociable effects of visual maintenance and cognitive control[J]. Attention perception & psychophysics, 2014, 76(7): 1985-1997.

[48]KEYES C, FREDRICKSON B L, PARK N, et al. Positive psychology and the quality of life[M]. Dordrecht: Springer, 2012.

[49] KAHNEMAN, DANIEL. A Perspective on judgement and choice[J]. American psychologist, 2003, 58(9): 697-720.

[50] KAYAALP, ALPER. The octopus approach in time management: polychronicity and creativity[J]. Military psychology, 2014, 34(2): 624-649.

[51] KINRADE N P, JACKSON R C, ASHFORD K J. Reinvestment, task complexity and decision making under pressure in basketball[J]. Psychology of sport and exercise, 2015, 46(20): 11-19.

[52] KUPPENS P, MECHELEN I V, SMITS D, et al. The appraisal basis of anger: specificity, necessity and sufficiency of components[J]. Emotion, 2003, 3(3): 254-269.

[53] KUVAAS B, SELART M. Effects of attribute framing on cognitive processing and evaluation[J]. Organizational behavior and human decision processes, 2013, 95(2): 198-207.

[54] KAHNEMAN D, TVERSKY A. On the interpretation of intuitive probability: A reply to Jonathan Cohen[J]. Cognition, 1979, 7(4): 409-411.

[55] LANDRY C F. The impacts of time pressure and emotion on the information behavior of high stakes decision makers: The home buying experience[D]. Washington: University of Washington., 2014.

[56] LV J Y, WANG T, JIANG Q, et al. The electrophysiological effect of working memory load on involuntary attention in an auditory-visual distraction paradigm: An ERP study[J]. Experimental brain research, 2010, 205(1): 81-86.

[57] LEVINE F. A dual-self model of impulse control[J]. American economic review, 2006, 96(5): 1449-1476.

[58] LEBOEUF R A, SHAFIR E. Deep thoughts and shallow frames: On the susceptibility to framing effects[J]. Journal of behavioral decision making, 2010, 16(2):111-132.

[59] LOEWENSTEIN G F, WEBER E U, HSEE C K, et al. Risk as feelings[J]. Psychological bulletin, 2001, 127(2): 267-288.

[60] LUO C, LI X, LIU Y, et al. [ACM Press the 2017 Conference - Oslo, Norway (2017.03.07-2017.03.11)] Proceedings of the 2017 Conference on Conference Human Information Interaction and Retrieval - CHIIR \"17 - Investigating Users\" Time Perception during Web Search[J]. On academ, 2017(3): 273-276.

[61] LAVIE N, HIRST A, De FOCKERT J W, et al. Load theory of selective attention and cognitive control[J]. Journal of experimental psychology general, 2004, 133(3): 339-354.

[62] MA Q, PEI G, KAI W. Influence of negative emotion on the framing effect: Evidence from event-related potentials[J]. Neuroreport, 2015, 26(6): 325-332.

[63] MCELROY T, SETA J J. Framing effects: An analytic-holistic perspective[J]. Journal of experimental social psychology, 2003, 39(6): 610-617.

[64] MARTEAU T M. Framing of information: Its influence upon decisions of doctors and patients[J]. British journal of social psychology, 2011, 28(1): 89-94.

[65] MACCHI L, OVER D, VIALE R. Special issue on: Dual process theories of human thought: The debate[J]. Mind & society: Cognitive studies in economics and social sciences, 2012, 11(1): 1-2.
[66] MUKHERJEE, KANCHAN. A dual system model of preferences under risk[J]. Psychological review, 2010, 117(1): 243-255.
[67] MCCLOY R, BEAMAN C P, FROSCH C A, et al. Fast and frugal framing effects?[J]. Journal of experimental psychology, 2010, 36(4): 1043-1052.
[68] MARUPING L M, VENKATESH V, THATCHER S, et al. Folding under pressure or rising to the occasion? Perceived time pressure and the moderating role of team temporal leadership[J]. Academy of management journal, 2015, 58(5): 1313-1333.
[69] KAHNEMAN D. Thinking, Fast and Slow[M]. New York: Farrar, Straus and Giroux, 2011.
[70] MIRON-SPEKTOR E, INGRAM A, KELLER J, et al. Microfoundations of organizational paradox: The problem is how we think about the problem[J]. Academy of management journal, 2018, 61(1): 26-45.
[71] MARK G J, GUDITH D, KLOCKE U. The cost of interrupted work: More speed and stress[C]//Association for Computing Machinery. Annual SIGCHI conference On Human factors in computing systems. New York: Association for Computing Machinery, 2008.
[72] MACINTYRE P D. Willingness to communicate in the second language: Understanding the decision to speak as a volitional process[J]. The modern language journal, 2007, 91(4): 564-576.
[73] MARSDEN J R, PAKATH R, WIBOWO K. Decision making under time pressure with different information sources and performance based financial incentives - part 3[J]. Decision support systems, 2006, 42(1): 186-203.
[74] NABI, ROBIN L. Exploring the framing effects of emotion do discrete emotions differentially influence information accessibility, information seeking, and policy preference?[J]. Communication research, 2003, 30(2): 224-247.
[75] NEYS W D. Dual processing in reasoning[J]. Psychol, 2006, 17(5): 428-433.
[76] NELSON W, STEFANEK M, PETERS E, et al. Basic and applied decision making in cancer control[J]. Health psychology official journal of the division of health psychology american psychological association, 2005, 24(4): 3-8.
[77] NEYS D, WIM. Automatic-heuristic and executive-analytic processing during reasoning: Chronometric and dual-task considerations[J]. Quarterly journal of experimental psychology, 2006, 59(6): 1070-1100.
[78] OSMAN M. An evaluation of dual-process theories of reasoning[J]. Psychon bull rev, 2004, 11(6): 988-1010.
[79] PORTER G, TROSCIANKO T, GILCHRIST I D. Effort during visual search and counting: Insights from pupillometry[J]. Quarterly journal of experimental psychology, 2007, 60(2): 211-229.
[80] POLDRACK R A, PACKARD M G. Competition among multiple memory systems: Converging evidence from animal and human brain studies[J]. Neuropsychologia, 2003, 41(3): 245-251.
[81] REYNA V F, BRAINERD C J. Fuzzy-trace theory and framing effects in choice: Gist extraction, truncation, and conversion[J]. Journal of behavioral decision making, 2010, 4(4): 249-262.
[82] RAAB M, GULA B, GIGERENZER G. The hot hand exists in volleyball and is used for allocation decisions[J]. Journal of experimental psychology applied, 2011, 18(1): 81-94.
[83] RAAB M, JOHNSON J G. Expertise-based differences in search and option-generation strategies[J]. Journal of experimental psychology: Applied, 2007, 13(3): 158-170.
[84] ROSCH J L, VOGEL-WALCUTT J J. A review of eye-tracking applications as tools for training[J]. Cognition technology & work, 2013, 15(3): 313-327.
[85] SANFEY A G, CHANG L J. Multiple systems in decision making[J]. Annals of the New York academy of sciences, 2010, 1128(1): 53-62.

[86] SIEGLE G J, STEINHAUER S R, THASE M E, et al. Can't shake that feeling: Assessment of sustained event-related fMRI amygdala activity in response to emotional information in depressed individuals[J]. Journal of histochemistry & cytochemistry official journal of the histochemistry society, 2002, 53(8): 989-905.

[87] SCHOOR C, BRÜNKEN M B A R. Role of dual task design when measuring cognitive load during multimedia learning[J]. Educational technology research & development, 2012, 60(5): 753-768.

[88] TVERSKY K A. Prospect theory: An analysis of decision under risk[J]. Econometrica, 1979, 47(2): 263-291.

[89] TSAI S P. Utility, cultural symbolism and emotion: A comprehensive model of brand purchase value[J]. International journal of research in marketing, 2005, 22(3): 277-291.

[90] TICHON J G, MAVIN T, WALLIS G, et al. Using pupillometry and electromyography to track positive and negative affect during flight simulation[J]. Aviation psychology & applied human factors, 2014, 4(1): 23-55.

[91] TUOVINEN J E, PAAS F. Exploring multidimensional approaches to the efficiency of instructional conditions[J]. Instructional science, 2004, 32(1-2): 133-152.

[92] TVERSKY A, KAHNEMAN D. The framing of decisions and the psychology of choice[J]. Science, 1981, 211(4481): 453-458.

[93] TOET A, BROUWER A M, BOSCH K V D, et al. Effects of personal characteristics on susceptibility to decision bias : A literature study[J]. International journal of humanities and social sciences, 2016, 8(5): 1-17.

[94] URS M, GOODMON L B, MARTIN J. Too much on my mind: Cognitive load, working memory capacity, and framing effects[J]. North American journal of psychology, 2019, 21:232-251.

[95] VYTAL K, CORNWELL B, ARKIN N, et al. Describing the interplay between anxiety and cognition: From impaired performance under low cognitive load to reduced anxiety under high load[J]. Psychophysiology, 2012, 49(6): 842-852.

[96] VREESE C D, KANDYLA A. News framing and public support for a common foreign and security policy[J]. Jcms journal of common market studies, 2009, 47(3): 453-481.

[97] WEENIG M, MAARLEVELD M. The impact of time constraint on information search strategies in complex choice tasks[J]. Journal of economic psychology, 2002, 23(6): 689-702.

[98] WHITNEY P, RINEHART C A, HINSON J M. Framing effects under cognitive load: The role of working memory in risky decisions[J]. Psychonomic bulletin & review, 2008, 15(6): 1179-1184.

[99] YI S, BAUMGARTNER H. Motivational compatibility and the role of anticipated feelings in positively valenced persuasive message framing[J]. Psychology & marketing, 2010, 25(11): 1007-1026.

[100] YUEN K, LEE T. Could mood state affect risk-taking decisions?[J]. Journal of affective disorders, 2003, 75(1): 11-18.

[101] ZUR H B, BREZNITZ S J. The effect of time pressure on risky choice behavior[J]. Acta psychologica, 1981, 47(2): 89-104.

附　　录

附录1　教练员访谈提纲

尊敬的教练员：

您好！我是天津体育学院体育教育与心理学院的教师常淑芝，现在进行《竞赛压力情境下篮球运动员风险决策框架效应研究》的相关研究设计。因为您是篮球领域的专家，所以为了使本研究更具合理性、实用性和科学性，迫切需要您的宝贵观点与意见。希望您在百忙之中给予帮助，您的帮助是我完成论文的关键，请您认真填写。对您的支持表示衷心的感谢！

姓名：__________________　所在单位：____________________

您的职务：　A．篮球教练员　B．非篮球教练员

教练员访谈提纲具体内容如下。

1．您认为影响篮球运动员风险决策的具体运动情境有哪些？

2．您认为下列人口学因素中，哪些是影响篮球运动员风险决策的因素？

（1）性别　（2）年龄　（3）运动等级　（4）运动年限　（5）文化水平

3．在篮球比赛中，您认为哪些情境属于篮球运动员风险决策情境？

4．在篮球比赛中，您认为下列具体情境中哪些是影响篮球运动员风险决策的情境？

（1）运动员在场上的角色是主力队员还是替补队员。

（2）场上比分领先于对手或落后于对手。

（3）教练员场上指导时是鼓励运动员还是给运动员施压。

（4）竞技水平高于对手或低于对手。

（5）运动员在场上的位置，如前锋、中锋和后卫。

5．您认为能够诱发篮球运动员愉悦情绪和恐惧情绪的情境有哪些？

再次对您的悉心指导表示诚挚的谢意！

附录 2　心理学专家访谈提纲

尊敬的专家：

您好！我是天津体育学院体育教育与心理学院的教师常淑芝，现在进行《竞赛压力情境下篮球运动员风险决策框架效应研究》的相关研究设计。本次访谈的目的是，希望您能为我论文中关于《篮球运动员风险决策框架效应问卷》的设计提出宝贵意见和建议。因为您是心理学领域的专家，所以为了使本研究更具合理性、实用性和科学性，迫切需要您的宝贵观点与意见。希望您在百忙之中给予帮助，您的帮助是我完成论文的关键，请您认真填写。对您的支持表示衷心的感谢！

姓名：＿＿＿＿＿＿＿＿＿　所在单位：＿＿＿＿＿＿＿＿＿＿

您的职称：　A．教授　B．副教授

心理学专家访谈提纲具体内容如下。

1．您认为什么是篮球运动中的风险决策点？

2．您认为篮球运动员在竞赛中面临的风险决策任务有哪些？

3．您认为篮球运动员风险决策任务设计采用“局内人”问题情境好，还是采用“局外人”问题情境好？

4. 您认为篮球运动员风险决策任务内容的设计与框架内容的设计需要注意什么？

5．如果您还有其他意见和建议，那么请具体写下您的意见和建议。

再次对您的悉心指导表示诚挚的谢意！

附录3　篮球运动员风险决策框架效应问卷

本问卷共分两部分，第一部分为个人信息，请您如实填写；第二部分为篮球运动员风险决策任务，共14道题，请您按照“指导语”认真完成。本次问卷题目的答案没有对错之分，请您根据实际情况，选择最符合您的想法的选项。所有带星号的（*）题目为必填题目。

您的热心参与和真实作答对本研究有重要的价值。本问卷不记名，您所提供的所有数据仅限学术研究使用，不会外泄问卷信息，请放心作答。谢谢您！

1．性别 [单选题] *

○男

○女

2．年龄 [填空题] *

____

3．运动员类型 [单选题] *

○CBA/WCBA①

○NBL②

○省/俱乐部青年队

○大学生球员

○其他

4．运动等级 [单选题] *

○运动健将

○国家一级

○国家二级

○国家三级

○其他

---

① CBA（Chinese Basketball Association，中国男子篮球职业联赛）；WCBA（Women's Chinese Basketball Association，中国女子篮球联赛）。

② NBL（The Men's National Basketball League，全国男子篮球联赛）。

5. 训练年限 [单选题] *

○5 年及以下

○6～8 年

○9～10 年

○10 年以上

6. 您是否为主力队员？ [单选题] *

○是

○否

下面是一组关于篮球竞赛情境下的风险决策选择问题，请您以决策者的身份做出决策和选择。

1. 假设在一次重要比赛中，某支篮球队有 60 次进攻机会，现在有两种进攻方案（A 和 B）可供选择，教练员预测两种方案的使用结果如下。您会选择哪种方案？[单选题] *

○A 方案：有 20 次进攻成功得分

○B 方案：有 1/3 的可能性 60 次进攻都成功得分，有 2/3 的可能性 60 次进攻都失败。

2. 假设在一次重要比赛中，某支篮球队有 60 次进攻机会，现在有两种进攻方案（A 和 B）可供选择，教练员预测两种方案的使用结果如下。您会选择哪种方案？[单选题] *

○A 方案：有 40 次进攻失败不得分

○B 方案：有 2/3 的可能性 60 次进攻都失败，没有得分的机会；有 1/3 的可能性 60 次进攻都成功得分

3. 在一场重要的篮球比赛中，当本方运用一种固定的战术配合连续进攻失利、处于落后的地位时，如果本方有两种应对方案（A 和 B）可供选择，您会选择哪种方案？[单选题] *

○方案 A：在接下来的 3 次进攻中，有 1 次进攻成功得分

○方案 B：在接下来的 3 次进攻中，有 1/3 的可能性 3 次进攻全部成功得分；有 2/3 的可能性 3 次进攻全部失败不得分

4. 在一场重要的篮球比赛中，假设您是主力队员，您有能力选择自己在本场比赛中的表现（A 和 B），您希望自己是哪种表现？[单选题] *

○表现 A：在 60 次进攻中，有 40 次进攻失败不得分

○表现 B：在 60 次进攻中，有 2/3 的可能性 60 次进攻全部失败不得分；有 1/3 的可能性 60 次进攻全部成功得分

5．假设您正在参加一场重要比赛，双方进入拉锯战，比赛场上形势胶着，教练员积极鼓励您，让您享受比赛过程。接下来您有两种战术方案（A 和 B）可供选择，您会选择哪种方案？ [单选题]*

○方案 A：在接下来的 3 次进攻中，有 2 次进攻失败不得分

○方案 B：在接下来 3 次进攻中，有 2/3 的可能性 3 次进攻全部失败不得分；有 1/3 的可能性 3 次进攻全部成功得分

6. 在一场重要的篮球比赛中，当本方运用一种固定的战术配合连续进攻失利、处于落后的地位时，接下来本方有两种应对方案（A 和 B）可供选择，您会选择哪种方案？ [单选题]*

○方案 A：在接下来的 3 次进攻中，有 2 次进攻失败不得分

○方案 B：在接下来的 3 次进攻中，有 2/3 的可能性 3 次进攻全部失败不得分；有 1/3 的可能性 3 次进攻全部成功得分

7．在一场重要的篮球比赛中，假设您是主力队员，您有能力选择自己在本场比赛中的表现（A 和 B），您希望自己是哪种表现？[单选题]*

○表现 A：在 60 次进攻中，有 20 次进攻成功得分

○表现 B：在 60 次进攻中，有 1/3 的可能性 60 次进攻全部成功得分；有 2/3 的可能性 60 次进攻全部失败不得分

8．假设您正在参加一场重要比赛，双方进入拉锯战，场上形势胶着，教练员对您施加压力，要求您必须得分、不许失误。接下来您有两种战术方案（A 和 B）可供选择，您会选择哪种方案？ [单选题]*

○方案 A：在接下来的 3 次进攻中，有 2 次进攻失败不得分

○方案 B：在接下来的 3 次进攻中，有 2/3 的可能性 3 次进攻全部失败不得分；有 1/3 的可能性 3 次进攻全部成功得分

9．假设您正在参加一场重要比赛，双方进入拉锯战，场上形势胶着，教练员对您施加压力，要求您必须得分、不许失误。接下来您有两种战术方案（A 和 B）可供选择，您会选择哪种方案？ [单选题]*

○方案 A：在接下来的 3 次进攻中，有 1 次进攻成功得分

○方案 B：在接下来的 3 次进攻中，有 1/3 的可能性 3 次进攻全部成功得分；有 2/3 的可能性 3 次进攻全部失败不得分

10．假设您正在参加一场重要比赛，双方进入拉锯战，比赛场上形势胶着，教练员对您积极鼓励，让您放开去打、不用管结果。接下来您有两种战术方案（A和B）可供选择，您会选择哪种方案？ [单选题] *

○方案A：在接下来的3次进攻中，有1次进攻成功得分

○方案B：在接下来的3次进攻中，有1/3的可能性3次进攻全部成功得分；有2/3的可能性3次进攻全部失败不得分

11．在一场重要的篮球比赛中，您是替补队员，假设您有能力选择自己在本场比赛中的表现（A和B），您希望自己是哪种表现？[单选题] *

○表现A：在60次进攻中，有20次进攻成功得分

○表现B：在60次进攻中，有1/3的可能性60次进攻全部成功得分；有2/3的可能性60次进攻全部失败不得分

12．在一场重要的篮球比赛中，当本方运用一种固定的战术配合连续进攻得手、取得了一定的领先优势时，对方做出了战术调整。接下来本方也有两种应对方案（A和B）可供选择，您会选择哪种方案？ [单选题] *

○方案A：在接下来的3次进攻中，有2次进攻失败不得分

○方案B：在接下来的3次进攻中，有2/3的可能性3次进攻全部失败不得分；有1/3的可能性3次进攻全部成功得分

13．在一场重要的篮球比赛中，当本方运用一种固定的战术配合连续进攻得手、取得了一定的领先优势时，对方做出了战术调整。接下来本方也有两种应对方案（A和B）可供选择，您会选择哪种方案？ [单选题] *

○方案A：在接下来的3次进攻中，有1次进攻成功得分

○方案B：在接下来的3次进攻中，有1/3的可能性3次进攻全部成功得分；有2/3的可能性3次进攻全部失败不得分

14．在一场重要的篮球比赛中，您是替补队员，假设您有能力选择自己在本场比赛中的表现（A和B），您希望自己是哪种表现？[单选题] *

○表现A：在60次进攻中，有40次进攻失败不得分

○表现B：在60次进攻中，有2/3的可能性60次进攻全部失败不得分；有1/3的可能性60次进攻全部成功得分

附录4　专家效度检验问卷

尊敬的专家：

您好！我是天津体育学院体育教育与心理学院的教师常淑芝，目前正在进行论文《竞赛压力情境下篮球运动员风险决策框架效应研究》问卷的设计工作，因此需要您对问卷的效度做出评价。请您详细阅读问卷内容，对问卷是否符合要求做出评价。希望您在百忙之中给予帮助，您的帮助是我完成论文的关键，请您认真填写。对您的支持表示衷心的感谢！

姓名：____________ 所在单位：____________

您的职称：A．教授　B．副教授

根据本研究的目的及范围，您认为此问卷是否能概括所要研究的内容，请您在下面对应的方框中打“√”。

项目	可行	基本可行	不可行
内容设计			
结构设计			
总体设计			

如果您认为此问卷不太全面或不全面，请具体填写您的建议。

再次对您的悉心指导表示诚挚的谢意！

附录 5　被试知情同意书

<table>
<tr><td>被试姓名</td><td></td><td>性别</td><td></td><td>出生日期</td><td></td></tr>
<tr><td>年龄</td><td></td><td>运动等级</td><td></td><td>联系电话</td><td></td></tr>
<tr><td>课题题目</td><td colspan="5"></td></tr>
<tr><td>主试姓名</td><td></td><td>工作单位</td><td></td><td>联系电话</td><td></td></tr>
<tr><td colspan="6">研究目的：
本部分研究将验证在竞赛情境下，篮球运动员在风险决策中是否受框架效应的影响，能否有效处理时间压力和认知负荷压力、调整好情绪状态，能否跳出框架效应、做出理性决策</td></tr>
<tr><td colspan="6">实验程序：
① 填写个人信息表。
② 您先看一段篮球视频，视频大约 10 分钟。
③ 视频结束后，您将做一项认知决策任务，任务大约 15 分钟。
④ 观看篮球运动员受伤视频的被试还要观看一段舒缓情绪的短视频</td></tr>
<tr><td colspan="6">潜在的风险和副作用：
在研究过程中您会观看一段诱发恐惧情绪的视频，视频内容是关于篮球运动员在比赛过程中受伤的画面，观看过程中可能会引起您的不适。如果在做实验过程中，您觉得观看视频引起您的不舒适感，请随时停止观看视频。因出现不适感时未能立即自行停止观看或举手示意而引起的不良后果，由被试自行负责</td></tr>
<tr><td colspan="6">隐私：
本研究的结果可能会在学术期刊或书籍上发表，或者用于教学。但是您的名字或者其他可以确认您身份的信息将不会在任何发表形式或教学材料中出现，除非得到您的允许</td></tr>
<tr><td colspan="6">被试声明：
我确认已经被告知本研究的目的、过程、可能的风险和副作用及潜在的获益和费用。我的所有问题都已经得到了满意回答。我已经详细阅读了本被试知情同意书。我下面的签名表明我愿意参加本研究
签名：　　　　　日期：</td></tr>
</table>

续表

<table>
<tr><td>主试声明：
我已经解释了研究的目的、研究的程序、潜在的危险和不适及被试的权益，并尽最大可能回答了与研究有关的问题
签名：　　　　日期：</td></tr>
<tr><td>请您认真阅读并填写被试知情同意书，并注意保留被试知情同意书和实验主试的联系方式。实验费用由研究者承担</td></tr>
</table>

附录 6　时间压力问卷

您好，感谢您参与我们的调查。此问卷仅作研究使用，所填内容不会外泄，谢谢您的配合。

问卷填写要求：

本问卷共有 8 个问题，请您理解题目之后完成选择。请仔细阅读每个题目，然后根据自己现在的感受，在适当的数字上画勾。每个题目后面有 5 个选项，分别用数字 1～5 表示。其中，1 代表非常不同意，2 代表不同意，3 代表一般，4 代表同意，5 代表非常同意。

问题	非常不同意	不同意	一般	同意	非常同意
1．我感到非常紧张或着急	1	2	3	4	5
2．我感到时间过得很快	1	2	3	4	5
3．我感到时间不够用	1	2	3	4	5
4．我感到心跳得比较快	1	2	3	4	5
5．我不停地看时间	1	2	3	4	5
6．我感到心里比较烦乱	1	2	3	4	5
7．我觉得我在限制的时间内根本完不成任务	1	2	3	4	5
8．时间限制使我的注意力分散	1	2	3	4	5

附录7　焦虑状态量表

指导语：下面列出的是一些人们常常用来描述自己的陈述，请阅读每个陈述，然后选出能最恰当地表示您现在感觉的陈述。选择没有对错之分，不要对任何一个陈述花太多的时间去考虑，但所给的答案应该能最恰当地表现您现在的感觉。请您在下面对应的方框中打“√”。

感觉	完全没有	稍微有些	中等程度	非常明显
1．我感到心情平静				
2．我感到安全				
3．我是紧张的				
4．我感到紧张、被束缚				
5．我感到安逸				
6．我感到烦乱				
7．我现在处于烦恼中，这种烦恼超过了可能的不幸				
8．我感到满意				
9．我感到害怕				
10．我感到舒适				
11．我有自信心				
12．我觉得神经过敏				
13．我极度紧张不安				
14．我优柔寡断				
15．我是轻松的				
16．我感到心满意足				
17．我是有烦恼的				
18．我感到慌乱				
19．我感觉镇定				
20．我感到愉快				

附录 8 情绪自评量表

下面共有 6 个形容词，请您根据自己当前的情绪状态选择每个形容词后面相应的数字。

形容词	轻微或没有	有点	适中	很强	极强
愉悦	1	2	3	4	5
悲伤	1	2	3	4	5
恐惧	1	2	3	4	5
愤怒	1	2	3	4	5
自豪	1	2	3	4	5
兴奋	1	2	3	4	5